風水羅盤

王居恭著

文史哲學集成
文史哲出版社印行

國家圖書館出版品預行編目資料

風水羅盤 /王居恭著. -- 初版 -- 臺北市：
　文史哲，民 102.01
　　　頁；　　公分（文史哲學集成；332）
　　　ISBN 978-957-547-911-4 (平裝)

1.易經　2.研究考訂

121.17　　　　　　　　　　　　　102000285

文史哲學集成　332

風　水　羅　盤

著　　　者：王　　　居　　　恭
出　版　者：文　史　哲　出　版　社
　　　　　　http://www.lapen.com.tw
　　　　　　e-mail：lapen@ms74.hinet.net
登記證字號：行政院新聞局版臺業字五三三七號
發　行　人：彭　　　正　　　雄
發　行　所：文　史　哲　出　版　社
印　刷　者：文　史　哲　出　版　社
　　　　　　臺北市羅斯福路一段七十二巷四號
　　　　　　郵政劃撥帳號：一六一八○一七五
　　　　　　電話886-2-23511028・傳真886-2-23965656

實價新臺幣三二○元

中華民國一○二年（2013）元月初版

自　序

　　說來奇怪，若干年前，當我寫現代科學技術《隧道二極管非線性工作原理》一書的時候，難能想到現在寫有關風水的書。在講臺上當我講授數論、數理邏輯等數學學科的時候，更難能想到擺在面前的是我自己寫的《風水羅盤》書稿。

　　說來奇怪，將我寫的兩本關於《周易》的書贈送某教授，他很感到驚奇。《周易》的哲學內涵《周易》的象數，《周易》的宇宙論，他不去管它。見書名就害怕，眞的中國六經之首的《周易》就是洪水猛獸嗎？當然這僅是個別一例，但也是一種社會現象，一種畸形的文化觀，一種畸形的文化視野。一些西方人將中國文化，尤其《周易》視如珍寶，我們自己國人卻不重視它。

　　談到中國文化，似乎是墻內開花墻外香。書棹上放著一本《美國國會圖書館藏中國方志目錄》，我不研究方志，但對這本書特別偏愛。在序例中提及，國會圖書館大規模地徵集中國方志，多半是施永格先生建議的。施先生是現代美國農林學界的老前輩。在二十年以前他發現中國地方志有關於土壤和植物的記載，這許多記載對於他研究的問題：選擇中國的蔬果把牠的種子移植到美國來，有直接關係，於是決心提倡收集。

　　國會圖書館收藏中國方志的數量爲二千九百三十九種。一些珍本，在中國訪求不到，到日本訪求，可見美國人用力之勤。無論國內，國外的公私藏書家除了北京圖書館以外，沒有再比美國

國會圖書館藏中國方志豐富的了。

　　施永格先生爲研究中國土壤和植物而徵集中國方志，爲其所用，因爲他是美國的農林學家。而對西方更有深遠影響的是《易經》。讀季羨林教授著文《從宏觀上看中國文化》，談到從明末到乾隆年間，中國經籍之西傳，不但影響了歐洲哲學，也影響了歐洲政治。中國經籍之西傳，當然包括《易經》，在梵蒂岡圖書館中尙藏有當時西人所著研究《易經》的稿本十四種。而據杭辛齋先生記載美國國會圖書館藏中國《易經》著作是四庫全書藏同類書的兩倍半。

　　當然我們更重視現在。美國當代物理學家卡普拉（F·Capra）認爲現代物理家與《易經》都把事物的變化看作是自然界的本質，他將《易經》與現代物理相提並論。他認爲《易經》具有通過變化產生動態模式的觀念，可能與現代物理中的 S 矩陣理論最爲接近。此兩者，都是強調事件而不是物體，都主張通過變化來把握事物的本質，不應該把這種變化看成是強加於物理世界的基本定律，而應該是看成一種內在傾向。筆者認爲易學系統，包括術數所體現的正是事物的內在傾向，卡普拉是從現代物理學角度給以這種概括。他說：「陰和陽的相互作用是最基本的對立面，是導致道的所有運動的基本原理。但是中國人並沒有到此爲止。他們進一步研究陰和陽的各種組合，從而發展了一套宇宙的原型。《易經》詳細闡述了這個系統。可以把《易經》看成是中國思想和文化的核心。權威們認爲它在中國兩千多年來享有的地位只有其他文化中的《吠陀》和《聖經》可以相比。它在兩千多年中保存了自己的生命力。」（《現代物理學與東方神秘主義》，灌耕據卡普拉《物理學之道》編譯）。又說：

　　《易經》作爲一本聖書實際上要比用於占卜有更重大的意義。它激勵了中國各個時期的主要思想家……孔子對它潛心研究並作了注解。卡普拉的見地還是比較中肯的，他從人類思想和哲學高度評價《易經》，但並未否定《易經》陰陽組合，僅是思想的《易》，哲學的《易》，占卜的《易》意義不同而已。

　　我們還可以讀另外一本書：《劍橋中國秦漢史》。論述思想文化史部份的篇幅佔該書的三分之一，就內容而言，哲學、宗教，以及政治思想、經濟思想等都涉及到了。關於占卜的敘述：「在前科學時代，當取得信息的手段很少而不能預見和解釋的危險又頻繁出現時，採用秘術來指導行動相應地具有很大的重要性。」「占卜和求教朕兆的活動，成了宗教、哲學和科學的會合點。」案，即使科學時代，信息也難以取得，中國象數所以歷千百年而不衰，卦攤從周代一直擺到現代，正是由於其能在無信息中取得「信息」的特殊手段，而且更重要的是能驗證屬實，當然不是全部。

　　廣義的占卜，或稱「擇吉」都是取象以定吉凶；都是卦之組合運算。五行實際也是象，所以說其總體構建是《易》。風水是擇吉的一部分，在本書中是以洛書、太極，宇宙的對偶原則爲論證基礎。

　　其次，許多傳統風水中的原理，原則，我們暫時還搞不清楚，但實際應用還是這一部分。本書所以錄用，就因爲它是「傳統」。

　　本書不止一次地提到「有序」，宇宙是有序的，這是我接受愛因斯坦的觀念。洛書框架或洛書坐標系統，不是邏輯的，但卻是有序的。

　　概括言之，風水植根於中國傳統文化，中國象數，以及《周

易》基礎之上。但又是民俗的流行於民間，有深層次的心理威力。所以我們才去研究它，去寫它。

　　我所以引西方學者對《易經》的見解，是想找到中國傳統文化在西方的支撐點，而實際真正能掌握中國傳統文化的，還是本土的學人。我們略談北宋大思想家邵雍的《皇極經世書》，這是一部很耐咀嚼，很有味道的書。內容博大精深，但這裡僅限於象數之學。邵雍建構天地化生演變的理論，目的之一是「究天人之際，通古今之變」。他認為社會的興衰治亂都可以用象數推衍。值得重視的是他把我之外的物都看作「象」。觀物實際上就是觀察物象。更進一步推衍出一定的物象符應，一定的卦象，而卦象有一定的數相對應。我想這是對中國象數最完美的釋義。觀物之象數，所以知人事、社會天地的變化，因為是以客觀事物為基礎。

　　回到本題，我想研究風水的重點，是研究風水中的象數，當然這是個大題目，筆者現在水平是達不到的。現在也僅是半學習，半寫書，是為序。

風 水 羅 盤

目　次

第一章　略談風水

一、泛論之一

羅盤或稱羅經。雖然二者是同一器物的不同稱謂，但也有內涵層次的區分。羅盤僅用于測向，如航海磁羅盤，航空磁羅盤等。羅經的「經」字，則取包羅萬象，經緯天地之義，內涵極其豐富。羅經是測試的手段，其數十層盤面，包括河圖，洛書之數，先後天八卦之理，陰陽五行生克制化之機制，凝聚著「理」「氣」「象」「數」這四個中國傳統文化的重要原素。

近年來，在中國文化研究中出現了一股術數熱的流向。術數文化成爲文化研究的課題是歷史的必然。術數文化源遠流長，蘊含著兩千年來先民們對天道、地道、人道的理解，飽含著先民利用天時、地利條件，如何造福于人類。另一方面，被禁錮半個多世紀的術數文化，資料的貧乏，給研究者帶來困難。就以羅經而論有多少人見過羅經實物，這是研究羅經必備之物。說實在的，中國術數文化泛論則可，洋洋大文，無瑕可擊。但研究具體問題，就感到樸朔迷離。現代人與古代人的立論及思維方法是一種「隔」如何突破這一「隔」，是舉足輕重的問題，但現在也是研究者舉足未定的問題，至少筆者是處于這一實際狀態。

羅經用于測風水，「風水」或稱「堪輿」（二者名稱有區別，這裡不論），那麼先談風水的概念，引文如下：

　　堪輿的功能在于蔭庇家人，故「氣」為這一方術的支點。此術種類雖多，要之，不過是參照五行理氣，星卦布局，測定由特定地點與天道、地道的面背朝迎所構成的陰陽之氣聚散起止，強弱生死，剛柔動靜的凶吉性質，以及通過審辨天運旋轉，地運推移與某一山川形勢，地理脈絡和時空經緯諸要素之間契合而成的氣運關合，擇出其中最佳的樞紐之點作為房基墓穴，從而達到庇護家人的目的，故此術又被稱為「地學理氣家之權輿」。

　　（張明喜《中國術數文化發凡》載《新華文摘》1992年6期）這裡強調選擇房基，要以「氣」為支點。此外便是注重山川形勢，地理脈絡，這是「形」。風水的駁雜理論，可歸結為兩大類：形法和理法。第一類是形法，形法認為「氣者形之微形者氣之著」，這樣人類生存的自然環境住宅模式和氣場建立了對應關係。覓龍、察砂、觀水、點穴（穴非洞穴之穴，可理解為針灸穴位之穴，以陽宅而論，穴指陽宅之基；陰宅之穴即指墓穴）是風水手段。陽宅在「形法」上的基本觀點，歷代都沒有太大的差異，明清之際所常用的形法的主要的經典依據，有《陽宅十書》，明代刊行的《魯班營造正式》和清代刊行的《魯班經》等著述。這些書涉及建築選址，規劃布局，以及建築的設計施工，那麼風水對研究古建築和考古還有參考價值。

　　第二類是理法，又稱作理氣。此派認為「地徑是山川，原有形跡之可見，天紀是氣候，未有形跡之可窺，故必羅經測之，定其位而察其氣……閱岡巒而審龍定氣，驗地中之形類，鑒砂水之吉凶。」（《羅經會要、羅經總論》）理法考察山川形氣，以羅經測定。理法派中八卦變爻大游年法，決定住宅的平面布局以及空間組織，如大門位置、床、書棹、洗手間、灶等排列、以及主

次房，天井有序組合。新加坡一建築師創「洛書定位法」此法利用洛書方格確定住宅內的最佳氣場分布，共分二十四組，用洛書平面圖表示，從而選擇門的朝向和室內空間的最佳布局。無論八卦變爻大游年法，洛書定位法以及諸如此類方法，都不出羅經理數。理法中有許多奧理，我們還弄不明白，說不清楚，但不能由此將理法全部歸結爲迷信。

二、泛論之二

如上所述，風水是人們對居住環境進行選擇和處理的一種學問，假如歸類，可歸爲「民俗學」「古建築文化」「環境文化」以及「環境景觀學」。近年來歐美學者表現了對這門學問的濃厚興趣，美國、加拿大、澳大利亞等國都有人進行專題研究。也許由于「外轉內」效應所起的作用，國內有人開始研究風水來。

何曉昕編著《風水探源》（東南大學出版社1990年，第一版）一書，對我國東南傳統建築作了專題論述：如村基的選擇（相地）；村落外部空間組織（涉及隱喻和景觀）；村內部空間及吉凶觀；風水與城市，包括選址、空間組織、城市住宅；風水與宗教建築。最後著者結語：「風水有廣泛的社會環境基根」。實例多是本書一大特色，如對「水口」的研究，著者研究了福建泉州府水口，皖南黃田村水口，考川陽基水口，南黟縣西遞水口。「水口的理論與營建構成了風水中最具魅力的部分，水口是村落外部空間的重要標誌，也是村落內涵的靈魂，制約著整個村莊的吉凶禍福。它類似現代建築中的給排水，但作用與象徵意義又遠非給排水所能比及。水口很值得現代建築學，建築美學，建築心理學、

建築環境景觀學乃至建築衛生學來共同探討和發掘」。

　　《風水探源》著者從文獻入手，搜集各地家譜、族譜，這是一批極其珍貴的歷史檔案，記錄了大量村落和宅院的形成和發展過程以及在風水理論指導下選走和布局的細節。風水在中國傳統文化中有其重要位置，是研究中國村落形成，城市形成，大建築及大建築群的布局的依據。各地的家譜、族譜在文化大革命中遭到毀滅性的破壞，幸好還有少量殘存，這些殘存又幸有研究者所用，所用又是用于被冷落被禁錮的風水。

　　可以不談風水，但是風水內涵的建築依然存在，我們對這些建築顯然變得無知；可以不談風水，但民族心理這一重要方面是抹不掉的。中華文化有它自己的特點與特色，應當設法使自己多認識它。

三、覓龍、察砂、觀水、點穴

　　風水主要概念，可歸結為覓龍、察砂、觀水、點穴，今分別論之：

　　〔龍〕龍，根據地理條件有不同定義。

　　其一，「龍者何？山之脈也……土乃龍之肉，石乃龍之骨，草乃龍之毛。」這是「山龍」的定義。「山龍」即「山脈之動態」廣義的說是「地勢之動態」。

　　覓龍即是查尋山脈及地勢流動狀態，而確定最佳點為建築之基，此最佳點或稱地勢之「壺」。

　　山龍地勢是由高而低，其形態應大而豐滿且多而折。不豐滿，且過于傾陡，無曲折一直行進之龍不能結穴；過于活潑（多曲折）

之龍也不能結穴。從地質考慮，硬度須適當，如多石塊或軟土，不能結穴。

　　找出主龍，主龍周圍地勢稱作「砂」，龍或界水，砂水有情，為龍之結穴重要條件。圖示如下：

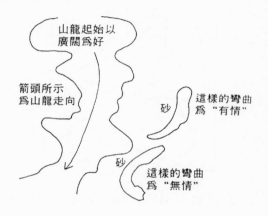

覓龍首先覓祖宗，父母。祖宗指山脈出處，父母指山脈入首處，圖如下：

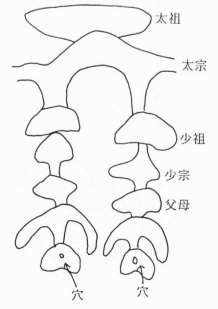

龍之動態有急轉彎者，此龍不必走太長，即可點穴：

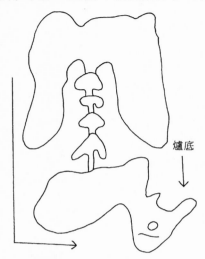

「○」此符號表示穴，如坐北朝南之穴表示為

（南）
○
（北）

環抱之地勢稱爲「爐底」。

穴前方被閉塞，閉塞之穴非良穴：

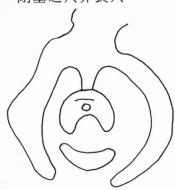

砂背著穴爲「無情」，無情之砂不利于穴。

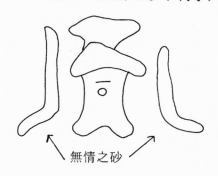

無情之砂

　　以上略舉數例，我們看到風水是利用自然環境和地質條件而築基。以山勢（山龍）流動狀態築基，其基必在山之陽面，稱爲「負陰抱陽」，從而使建築獲得良好的朝向和通風條件。更重要的，後面將談到風水在于使住宅形成最佳氣場。槪括言之，村落所倚之山，山勢要蜿蜒起伏，盤旋屈曲，如行龍有生氣，龍脈穴向和諧且負陰抱陽，這樣的村落必興旺發達。

　　羅經用于測定山脈或地勢的方向。「以龍定向，須審入路陰陽」，入路指貫穿穴之脈，龍長而遠，測脈向祇用入路數尺而已，即「千里來龍，但看到頭入首八尺。」置羅經于入路處，以地盤正針二十四方位測定，由羅經定出來龍之陰或陽，以此決定築基之朝向，陽龍立陽向陰龍立陰向。山龍之形非一脈，單以入路之一脈爲主，穴以向爲尊，凡一穴定位，主要問題是穴以龍脈定向。

　　現代人研究風水，當然不能離開「歷史遺產」這一基本觀念，所以要研究，因爲在這一份遺產中有其合理的部分，古爲今用。另一方面可以擴大風水面，即從中華民族文化來考慮。中華民族在衣食住行這種物質生活上，表現出極高的審美天才，地下文物

青銅器，明明是一件用具，但卻是一件藝術品，以食而言，酒文
化，烹飪文化，騰聲寰宇。人的居處，休養生息，似乎只是個物
質問題，但中華民族卻要把它擺在一個人類生活和大自然陶冶培
育的雙重結構之中，「人與天的結合與融會的高層境界，才是中
華民族智慧創造的理想之住處」，那麼風水可以和山川水美即景
觀相結合。如古人卜居：

　　「鶴山之陽，黔北之勝地也。面亭子而朝印州，美景勝致，
目不給賞。前有溪清波環其室，後有樹蔥蘢蔭其居，悠然而虛，
淵然而靜……惟裴氏相其宜，度其原，卜築于是，以爲發祥之
基。」

　　又，風水知識用于研究帝王陵墓，爲古建築所必須，當然更
有其他研究內容，非筆者所敢妄言，今錄《北京日報》載文：

　　西安冶金建築學院設計研究院的專家在負責重修黃帝陵總體
規劃設計時發現，黃帝陵有一條「風水」軸線。

　　據介紹，中國古代陵墓一般都選在風水寶地，黃帝陵也不列
外。這一「風水」軸線就是由橋山主脊至黃帝墓冢，並與印台山
山峰之間構成一條連線，黃帝陵區的各種建築都是以此爲軸線而
建造。歷史上留下的墓冢方向恰好在這連線上，與橋山周圍地貌
特徵構成的軸線相相吻合。此地，橋山向南突出，沮水從東、南
西三面環繞橋山，橋山南面隔沮水與呈錐台狀的印台山遙遙相望，
西側有縣城，東側有鳳凰嶺，正好與傳統「風水」說的「左青龍，
右白虎」相吻合。

　　其二，在無山的平原地區，水爲龍脈，稱爲"水龍"。《宅
譜指額》云：「山地觀脈、脈氣重于水，平地觀水，水神旺于
脈。」《地理五訣》云：「平洋地陽盛陰衰，只要四面水繞歸流

一處，以水爲龍脈，以水爲護衛」。

　　比較山龍與水龍，山龍是高處爲上，低處爲下，山龍走向是由上而下，下處結穴，即群山起源處爲祖宗山，爲上，山的入首處爲父母山爲下。水龍是由海洋、湖泊向源流逆上進行，即由外（海）向內（源流）。水龍在江、河、川、溪等之水流彎曲處爲結穴點，因此不必在平原找出地勢之高低起伏，單知水的動態即可。有水流之處，則平地之氣全部在內。大的江河爲幹龍，幹龍乃以直線行進，難尋眞穴，如高山之不結穴。幹龍之支流多曲折，可尋得最佳氣場。

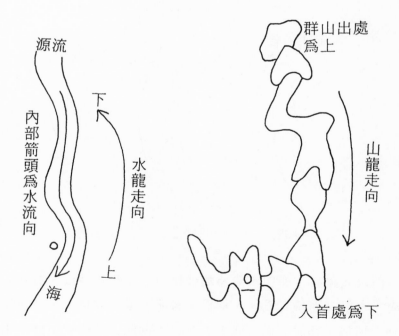

　　水龍彎曲處不分開稱爲「息道」彎曲處分開稱爲「漏道」。息道處結穴，漏道處不能結穴，如下圖：

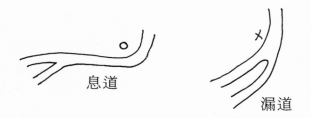

息道　　　　　　　漏道

水龍彎曲多者，結佳穴，如圖：

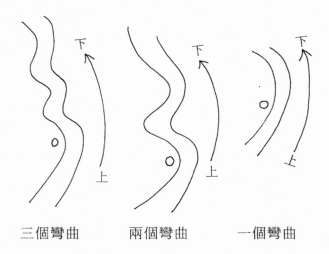

三個彎曲　　　兩個彎曲　　　一個彎曲

　　龍之穴雖好，如與水龍遠離就無力。水龍之深度、寬度必須考慮，一般深而狹者爲佳，稱爲「秀龍」或「乘車」，淺而寬者不利，稱爲「痴龍」或「空車」。但「痴龍」之佳與不佳又由其他條件可以改變，這裡不詳說。

如上之所述，仔細研究，無論山龍或水龍，風水所根據的是山勢和水勢，山向和水向，山水本身整體結構，山水之源和去向，山水之形態，爲安全、防衛、灌漑、氣候調節、景觀諸因素而理論之。

羅經測定，在測定水龍朝向與穴向，使二者合乎洛書之數，以構成天、地、人系統模式。

其三，城市住宅是以屋宇，街道、院墻等爲龍脈。《陽宅會心集》云：「一層街衢爲一層水，一層墻屋爲一層砂，門前街道是明堂，對面屋宇是案山」。《陽宅集成》云：「萬瓦鱗鱗市井中，高連屋脊是來龍，雖日漢龍天上至，還須滴水界眞踪」。風水在歷史的形成中從村落走向城市，地勢地形環境諸因素改變，建築布局改變，但作爲風水中的「氣」支點不變。

首先談住宅氣色：「陽宅之禍福，先見乎氣色，凡屋宇雖舊，氣色光明精彩，其家必定興發，屋宇雖新，氣色暗談灰頹，其家必敗落。又步入廳內無人，而鬧烘氣象，似有多人在內喧哄，其家必大發旺，若步入廳內有人，而陰森特甚，宛若無人聚立其間，其家必漸敗絕。……」

家宅之形狀，也主司吉凶，如長方形爲最佳正方形會貧困，三角形不和，直長形夫妻相克。風水之相形，列項目太多且繁，我們只想到宅院整齊正規，住來舒適，風水以此爲準則即可取。如風水中談到住宅凸出凹陷均不好，牆壁脫落不好，樓上比樓下小太多不好，屋頂有起伏不好，這除考慮到氣場分布，也涉及到景觀問題。

住宅平面布局，風水很注重規整性，如乾宅缺離角，坎宅缺巽角，艮宅缺坤角，震宅缺乾角，巽宅缺震角，離宅缺乾角，坤

宅缺艮角，兌宅基址大缺，均為不利，這是風水之易理推斷。宅卦是按住宅之坐向推求，如坐北朝南（子山午向）之宅為坎宅，方位以後天八卦定之。

　　風水講究「陽宅觀氣」「陽宅相形」已如上述，又講究「陽宅富砂」「陽宅貴砂」「陽宅凶砂」「城市宅基」「聚虛優劣」「大門吉凶」「門樓吉凶」「牆壁吉凶」「池塘吉凶」「樹林吉凶」等等，這又是營建中所必須考慮的問題。

　　〔砂〕砂指宅基四圍之土石高路高地。

　　砂或稱「帳幕」顧名思義，帳幕對穴有護衛之義。《地理全書、砂法》云：「龍為主，砂為用，砂要有情意，有情方吉地……砂高穴為低，藏風有藏氣。」砂之有情與無情，前面已提到，觀砂特別注意左右護砂，且根據風的來向分為上砂、下砂。上砂要長、要高、要大，下砂忌高大彎環、要低平。從環境條件考慮，這有利于通風、避風、回風，當然風水有自己的系統提法。砂之格局，茲舉一例，如下圖：

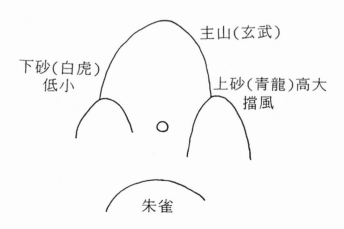

實際，此一模式出于周代，中國在周代就開始研究人與居住環境的關係，擇宅分爲前後左右四方位，即前爲朱雀，後爲玄武，左爲青龍，右爲白虎。到了漢代，宅基的方位才和後天八卦相對應，即東爲震，西爲兌，南爲離，北爲坎，東北爲艮，東南爲巽，西北爲乾，西南爲坤。到宋代，朱熹易理建立，邵康節易術應用形成陽宅學的易學體系。

城市住宅，砂一般指環境條件，如圍牆迴環四無缺陷，爲吉宅，圍牆四邊路皆迴環，主財旺，此爲富砂，貴砂。院內觀看，牆有大裂縫者爲凶砂。門前堆物，如石塊、瓦塊、枯樹、土岡等爲凶砂。院內枯樹爲凶砂。破舊之牆爲凶砂。以風水立論，是使院落形成完美的氣場求得良好生存環境。

以上筆者是以可以理解的概念，或直覺的概念講「砂」風水所談砂，又以天星觀照，「天星下照乎地氣，地氣上應乎天星，故先賢製定羅經，以八封干支之名，配二十八宿之星。欲知陽宅砂之貴賤，一則下羅經辨其方向……二則辨別砂形……」辨形較爲複雜，或出于景觀，或立足氣場，或對應天象，或由于心理需要，此書非風水專著，故從略。

〔水〕前面談水龍，已涉及到水，再補充說明之。

「水隨山而行，山界水而止」水與山不可分離，故水龍與山龍應綜合考慮，且水龍比山龍更關鍵。村落要定在水環抱的一面，稱爲「汭位」，即前面談到的水流彎曲處。水以載氣，彎曲處載氣重。水的流向以由西向東流爲佳，這是從中國的西北高東南低的地勢推衍出來的。

水在風水上很重要，所謂「風水之法，得水爲上，藏風次上」。一般水指大小河流，溪澗溝洫，城市住宅則較低地勢視爲

水路，「高一寸為山，低一寸為水」。觀水路之來去，最重要的要注意入口和出口的方向（此方向用羅經測定）。「論水路」或稱「消納水」消水就是出水，納水就是入水，消水納水必有水口，住宅排水的出口，稱為出水口，但一般言「水口」即指出水口。風水稱謂「山管人丁，水管財」按風水理論水不但應驗在財富上，且是有無「生氣」的表徵，因此掌握了水法的要領，等于掌握風水的奧秘。當然這種提法我們僅是歷史地看問題，現代城市建設如何合理地按排上下水，以及庭院水口，是新的問題，有新的提法。但水法無論古今，同等重要，或者水法在現代城市建築中更重要。

　　〔點穴〕點穴即確定築基的最佳點。

　　　建築之朝向，一般由羅經二十四方位測定，此二十四方位稱為「二十四山」。如坐子山則必午向即坐北朝南，坐酉山則必卯向，即坐西朝東。建築之山向和龍水之向密切配合，形成好的氣場。

　　　關于門的處理，在這裡略作介紹。風水中特別注重門，門關係到人的吉凶禍福，「宅之吉凶全在大門……宅之受氣于門，猶人之受氣于口也，故大門名曰氣口，便門名曰穿宮」。「地理作法……全籍門風，路氣，以上接天氣，下收地氣，層層引進以定吉凶」。大門與外界相通，為出入之樞紐，也是氣通往之口，風水選門不但要朝吉方，且要設在四吉卦的位置。除門之方位有吉凶外，門前道路亦以寬闊為宜。宅院出入口稱為「門」房間的門又稱為「戶」，風水認為臥室是一非常重要的部位，為一宅起居，又為子孫繁衍之地，除與大門密切配合外又需位于吉方。

　　　門應位于本宅之吉方外，還要避凶迎吉，方能導氣入宅。山

水是自然界中至極之吉祥物故住宅大門總是朝向山峰，山口或迎水而立，但近處山口不可對，謂有煞氣，實際近處山口有谷風，對住宅院落不利，這是自然之理。

《風水探源》一書所載：

——浙江桐廬朱村某宅為避門山凹吹來的谷風（「煞氣」）將門轉向，面對山峰。

——福建新泉某宅為使大門迎水，特將門設在宅之一角，且面向西北也無所顧忌。

——徽州歙縣漁梁某宅因門正對紫陽山上一怪石，故將門偏斜改之，使其朝向紫陽峰。

此三例說明以門的朝向建立住宅與自然的諧調關係，在住宅方位不變的情況，變換門的朝向，形成有利格局。該書又舉出「門不相對」使住宅互不干擾「門不直沖巷」使住宅避開喧亂的氣氛等諸多實例，這些風水原則，即使現代住宅設計中，也是應該考慮的問題。

以上風水中龍水砂穴以及住宅門之設置，略作紹介。筆者讀毛志成著《中國古建築怎樣欣賞》一文，雖為談中國古建築，且認為中國古建築是「美學的哲理詩」，然其強調中國古建築的依偎自然，和風水同一道理。文中提出：「親近自然依偎自然，取材自然，法承自然，正是中國古建築的要道和美學所在。」又說：「中國建築（包括宮廷建築）的主風格仍是茅茨土階，體現了中國人的偎土，偎草即親近自然——的美學情感。」實際「偎山」「偎水」「偎土」「偎草」「偎木」親近自然，也是風水之道。夏朝的宮庭曰「世室」商的宮庭曰「重屋」周的宮庭曰「明堂」是偎土而建，且和山水自然諧調一致，風水的布局依偎山水，或

者說信賴，依賴山水。而如樓如塔高層建築是漢代以後，伴隨佛教傳入才有的。文中談到：

　　西方國家特別是海洋國家的第一自然條件——即土壤質地，淡水資源等比中國要差得多，不可能輕鬆地與大自然相依為命，客觀環境逼迫西方人對大自然必須採取「壓迫」「征服」「主宰」態度。反映在建築風上，便表現為「高高矗立」下端壓迫著自然，上端向「天國」「宇宙」逼近。

　　正因為中國古建築取法于自然，才具有自然本身的豐富性，多元化，幽邃性。西方建築一般屬于「三度空間」建築，由簡明的長、寬、高構成。只要游者選擇好觀察角度，就是站在一個地方不動，也能粗覽它的全景全貌。而中國古建築往往是群體建築，屬于「四度空間」建築，你不可能立在一個定點上通覽它的全方位風采，必須再加上「時間」讓觀賞者四下走動才能領略它的勝、美、奇、絕。

　　毛志成先生所談，是東西方建築之比較，然其揭示的問題就其內涵也是東西方文化之比較。風水不能等同于建築學，但風水原理是建立在依偎自然和建築布局的有序上，相地合宜，構建得體，和建築學同構。天星觀照及龍山向水的規定性是風水的特定有序。風水「喝形」是以天地自然為廬，環境空間與人構成有機聯係使建築洋溢著生機，節奏和韻律，為古建築所效法，風水中之 "地氣" 是指地磁，植物氣息等的多種自然效應，中國建築養生系數很大，原因之一是尊重地氣，建築學又與風水理論相通。西方人求教于中國的風水，使其在建築設計，建築布局上能法承自然，而不是一味地壓迫自然，這或是風水價值所在。

四、以氣常分布擇居

現代人研究風水，提出宇宙氣場理論，較之「以氣爲支點」的風水論更確切，風水相宅以二十四方位陰陽錯對以區別宅之坐向吉凶，實際是氣場的分劃。一種提法是：望氣可以與氣功相結合，看風水需進入一種氣功狀態，其主要對象是環境氣和室內氣，想望到某一點的氣必須看它的遠處，即焦聚到它的背景，看時要漫不經心，似睡非睡狀態，這樣才是望氣所具有的境界。山環水抱是蓄氣場，吉方高聳，凶方低矮，吉凶方不完全和日光照射及通風條件等同。氣又以顏色辨別，古代風水認爲：金黃、淺黃、黃，表示此地氣場強，爲吉氣，黑氣陰盛，不吉，紅氣是火災前兆；白氣是喪事前兆……這種提法是經驗，還是有所依據，筆者說不清楚，僅作爲研究資料。

第二種提法是：氣可以感覺到，所謂看風水也包括氣感，掌握了氣功收氣、發氣，對周圍環境的氣場就有了感知。盲人是以感知看風水。氣場概念爲現代人所提出，卻源于古代。《易經》八卦內涵之一是講宇宙氣場分布狀態，包括人本身氣場狀態，因而構成天地人氣場分布系統。下面紹介以命卦定氣場分布的古風水法。

陽宅學將人按八卦分爲八類（計算方法見後），如乾類人應按乾命卦模式決定住宅平面布局，兌類人應按兌命卦模式決定住宅平面布局。人分八類，以吉凶論可以分爲兩大類，即東四類和西四類。坎、離、震、巽爲東四類，乾、坤、兌、艮爲西四類。住宅布局東四類的人吉方爲北、東、南、東南，凶方爲西、西南、

西北、東北：西四類的人吉方爲西、西南、西北、東北，凶方爲北、東、南、東南。

　　東四類的吉方，是西四類的凶方。東四類的凶方是西四類的吉方。東四類有一吉方在「東」西四類有一吉方在「西」此可以看作二者定義。

　　東四類，西四類是兩大類，各有四吉方，四凶方。但同爲吉，方卻有不同的內容，細分之，見下表：

命卦 方位	東 四 命				西 四 命			
	離	震	巽	坎	乾	兌	艮	坤
南	本命伏位	生氣	天醫	延年	絕命	五鬼	禍害	六煞
東	生氣	本命伏位	延年	天醫	五鬼	絕命	六煞	禍害
東南	天醫	延年	本命伏位	生氣	禍害	六煞	絕命	五鬼
北	延年	天醫	生氣	本命伏位	六煞	禍害	五鬼	絕命
西北	絕命	五鬼	禍害	六煞	本命伏位	生氣	天醫	延年
西	五鬼	絕命	六煞	禍害	生氣	本命伏位	延年	天醫
東北	禍害	六煞	絕命	五鬼	天醫	延年	本命伏位	生氣
西南	六煞	禍害	五鬼	絕命	延年	天醫	生氣	本命伏位

　　筆者探求風水的規則，基本思考是研究其排列是否有序，還是雜亂無章。筆者相信宇宙萬物表面紛呈，然實質是一種有序。以此基本思考，則有序狀態初步看作眞；無序且雜亂無章狀態，初步看作假。「初步看作」這四個字，意指不能說的太絕對，因爲謬誤和眞理僅一步之差。

　　爲說明其有序狀態，作如下設置：

　　作後天八卦方位洛書圖。

　　上圖之命卦相應代以洛書數。

　　上圖之方位相應代以洛書數。

　　規定代號

　　　　生氣——2

　　　　延年——2

　　　　天醫——1

　　　　伏位——1

　　　　六煞—— -1

　　　　禍害—— -1

　　　　五鬼—— -2

　　　　絕命—— -2

　　列表如下：

東南	南	西南
4 巽	9 離	2 坤
3 震	5	7 兌
8 艮	1 坎	6 乾
東北		西北

（東 … 西）

命　卦

方位	9	3	4	1	6	7	8	2
9	1			2	-2			-1
3		1	2			-2	-1	
4		2	1			-1	-2	
1	2			1	-1			-2
6	-2			-1	1			2
7		-2	-1			1	2	
8		-1	-2			2	1	
2	-1			-2	2			1

命　卦

方位	9	3	4	1	6	7	8	2
9		2	1			-2	-1	
3	2			1	-2			-1
4	1			2	-1			-2
1		1	2			-1	-2	
6		-2	-1			2	1	
7	-2			-1	2			1
8	-1			-2	1			2
2		-1	-2			1	2	

下面闡述命卦之變換。

設根據某人出生年，命卦已求得，則進行爻變，爻變次序爲：

上爻→　中爻→　下爻→　中爻→　上爻→　中爻→　下爻。

設命卦爲巽，爻變如下：

命卦　　一變　　二變　　三變　　四變

☴ ⟶ ☵ ⟶ ☷ ⟶ ☳ ⟶ ☱

巽　　　坎　　　坤　　　震　　　兌

（伏位）（生氣）（五鬼）（延年）（六煞）

　　　　五變　　六變　　七變　　八變

⟶ ☰ ⟶ ☲ ⟶ ☶ ⟶（☴）

乾　　　離　　　艮　　　復位爲巽

（禍害）（天醫）（絕命）

　　根據命卦與其變卦（稱爲之卦）之生克關係及關聯狀態而定名，且給出吉凶判斷。上述以命卦巽卦爲例，但不失一般性概括如下：

命卦	一變卦	二變卦	三變卦	四變卦	五變卦	六變卦	七變卦
伏位	生氣	五鬼	延年	六煞	禍害	天醫	絕命
（吉）	（大吉）	（大凶）	（大吉）	（凶）	（凶）	（吉）	（大凶）

　　爲查閱方便，將八命卦分述如下，包括洛書方位，各卦定名，如延年，六煞等，其中　　……　分別表示一變卦，二變卦……七變卦。

（南）

	天醫		伏位		六煞	
		☴巽	☲離	☷坤		
		（六）	命卦	（四）		
（東）	生氣	☳震		☱兌	五鬼	（西）
		（一）		（二）		
		☶艮	☵坎	☰乾		
	禍害	（五）	（三）	（七）	絕命	
			延年			

（北）

說明：☲離，

　　一變爲震，離震皆爲少陰所生，先天之合，故爲生氣。

　　二變爲兌，兌陰金，離陰火，火必尅金，故爲五鬼。

　　三變爲坎，坎離奇偶相對，後天之合，故爲延年。

　　四變爲坤，坤即申（西南）屬金，離屬火，火必尅金，
　　　　故爲六煞。

　　五變爲艮，艮爲丑，離即午，丑午六害，故爲禍害。

　　六變爲巽，巽陰木，離陰火，木能生火，五行之合，
　　　　故爲天醫。

　　七變爲乾，乾陽金，離陰火，火必尅金；且離七變爲
　　　　乾，再無可變，故爲絕命。

（南）

延年	生氣	禍害
☴°巽	☲°離	☷°坤
（三）	（一）	（五）

（東）　　本命
伏位　☳震　　　　☱°兌　絕命　（西）

（七）

☶°艮	☵°坎	☰°乾
六煞　（四）	（六）	（二）　五鬼

天醫

（北）

說明：☳震，

一變爲離，離震皆爲少陰所生，先天之合，故爲生氣。

二變爲乾，乾陽金尅震陽木，故爲五鬼。

三變爲巽，震巽奇偶相對，後天之合，故爲延年。

四變爲艮，震木尅艮土，故爲六煞。

五變爲坤，坤乃西南申位，申金尅震木，故爲禍害。

六變爲坎，坎水生震木，五行之合，故爲天醫。

七變爲兌，兌陰金尅震陽木，以陰尅陽，其凶更甚，
故爲絕命。

（南）

	本命	天醫		五鬼
	伏位			

　　　　　　　☰巽　　☰離　　☷坤
　　　　　　　　　　（六）　（二）

（東）　延年　☳震　　　　　☱兌　六煞　（西）
　　　　　　　（三）　　　　（四）

　　　　　　　☶艮　　☵坎　　☰乾
　絕命　（七）　（一）　（五）　禍害
　　　　　　　生氣

（北）

說明：☴巽，

一變爲坎，巽坎皆爲少陽所生，先天之合，故爲生氣。

二變爲坤，坤申位，申屬陽金，陽金尅巽陰木，故爲
　　五鬼。

三變爲震，巽震卦體奇偶相對，後天之合，故爲延年。

四變爲兌，巽陰木，兌陰金，木遇金尅，以陰尅陰，
　　其凶稍次，故爲六煞。

五變爲乾，乾陽金尅巽陰木，且乾巽對宮冲尅，故爲
　　禍害。

六變爲離，巽木生離火，五行之合，故爲天醫。

七變爲艮，巽木尅艮土，故爲絕命。

（南）

生氣　　　　　延年　　　　　絕命

☴ 巽　　☲ 離　　☷ 坤

（一）　　（三）　　（七）

（東）　天醫 ☳ 震　　　　　☱ 兌　禍害　（西）

（六）　　　　　　（五）

☶ 艮　　☵ 坎　　☰ 乾

五鬼 （二）　　　　　（四） 六煞

本命
伏位

（北）

說明：☵坎，

一變為巽，皆為少陰所生，先天之合，故為生氣。

二變為艮，艮陽土尅坎陰水，故為五鬼。

三變為離，坎離奇偶相對，後天之合，故為延年。

四變為乾，乾陽金，坎陽水，金寒水冷，故為六煞。

五變為兌，兌居在酉，坎居在子，子酉相破，故為禍
　害。

六變為震，坎水生震木，五行之合，故為天醫。

七變為坤，坎陽水，坤陰土，陰土尅陽水，凶莫甚焉，
　故為絕命。

（**南**）

禍害		絕命		延年
☴°巽	☲°離	☷坤
（五）	（七）	（三）

（**東**）　五鬼　☳°震　　　　　☱°兌　生氣　（**西**）

（二）		（一）
☶°艮	☵°坎	☰乾

天醫　（六）　（四）　　　本命
　　　　　　　　　　　　　　伏位

六煞

（**北**）

說明：☰乾，

　一變為兌，乾兌皆為太陽所生，先天之合，故為生氣。
　二變為震，乾陽金尅震陽木，故為五鬼。
　三變為坤，乾坤卦體奇偶相對，後天之合，故為延年。
　四變為坎，乾陽金，坎陽水，金寒水冷，故為六煞。
　五變為巽，乾陽金尅巽陰水，故為禍害。
　六變為艮，艮陽土生乾陽金，五行之合，故為天醫。
　七變為離，離陰火尅乾陽金，故為絕命。

（南）

	六煞	五鬼	天醫	
	☴。巽	☲。離	☷。坤	
	（四）	（二）	（六）	
（東）	絕命 ☳。震		☱兌 本命伏位	（西）
	（七）			
	☶。艮	☵坎	☰。乾	
	延年（三）	（五）	（一）生氣	
		禍害		

（北）

說明：☱兌，

一變爲乾，乾兌皆爲太陽所生，先天之合，故爲生氣。

二變爲離，離陰火尅兌陰金，以陰尅陰，故爲五鬼。

三變爲艮，兌艮卦體奇偶相對，後天之合，故爲延年。

四變爲巽，兌陰金尅巽陰木，故爲六煞。

五變爲坎，坎在子宮，兌在酉宮，子酉相破，故爲禍害。

六變爲坤，坤陰土，兌陰金，五行之合，故爲天醫。

七變爲震，兌陰金尅震陽木，故爲絕命。

（南）

絕命　　　　禍害　　　　生氣

☴。巽　☲°離　☷°坤

（七）　（五）　（一）

（東）　六煞　☳°震　　　　☱。兌　延年　（西）

（四）　　　　（三）

☶艮　☵°坎　☰°乾

本命　　　　（二）　（六）　天醫
伏位

五鬼

（北）

說明：☶艮，

一變爲坤，坤艮皆爲太陰所生，先天之合，故爲生氣。

二變爲坎，艮陽土尅坎陽水，故爲五鬼。

三變爲兌，艮兌卦體奇偶相對，後天之合，故爲延年。

四變爲震，震陽木尅艮陽土，故爲六煞。

五變爲離，離在午宮，艮在丑宮，丑午爲害，故爲禍害。

六變爲乾，艮陽土生乾陽金，五行之合，故爲天醫。

七變爲巽，巽陰木尅艮陽土，故爲絕命。

（南）

五鬼		六煞		本命伏位
	☴巽	☲離	☷坤	
	（二）	（四）		

（東）　禍害　☳震　　　　　☱兌　天醫　（西）
　　　　　　（五）　　　　　（六）

　　　　　☶艮　☵坎　☰乾
　生氣　（一）　（七）　（三）　延年

絕命

（北）

說明：☷坤，

　一變爲艮，坤艮皆爲太陰所生，先天之合，故爲生氣。
　二變爲巽，巽陰木尅坤陰土，故爲五鬼。
　三變爲乾，坤乾卦體奇偶相對，後天之合，故爲延年。
　四變爲離，坤爲申，金性，離爲火，火尅金，故爲六煞。
　五變爲震，震木尅坤土，故爲禍害。
　六變爲兌，坤土生兌金，五行之合，故爲天醫。
　七變爲坎，坤陰土尅坎陽水，故爲絕命。

　　其次談如何確定一個人的命卦。確定命卦實際是確定一個人出生年所對應的九宮數，此九宮數稱爲“年宮”。如某人年宮爲 4，則其命卦爲巽。如某人年宮爲 6，則其命卦爲乾。如某人年宮爲 5，其爲男性，5 寄坤宮，命卦爲坤；其爲女性，5 寄艮宮，命卦爲艮。命卦圖是洛書配以後天八卦：

30　風水羅盤

命　卦　圖

4 巽	9 離	2 坤
3 震	5 男坤 女艮	7 兌
8 艮	1 坎	6 乾

干支記年，以六十年爲一周期，九宮數爲9年干支與九宮對應，60與9的最小公倍數爲180年爲一大周期，對應如下：

女性格式——

上元：甲子、乙丑、丙寅……………………癸亥
　　　 6 　　7 　　8 　　　　　　　　　　 2

中元：甲子、乙丑、丙寅……………………癸亥
　　　 3 　　4 　　5 　　　　　　　　　　 8

下元：甲子、乙丑、丙寅……………………癸亥
　　　 9 　　1 　　2 　　　　　　　　　　 5

男性格式——

上元：甲子、乙丑、丙寅……………………癸亥
　　　 9 　　8 　　7 　　　　　　　　　　 4

中元：甲子、乙丑、丙寅……………………癸亥
　　　 3 　　2 　　1 　　　　　　　　　　 7

下元：甲子、乙丑、丙寅……………………癸亥
　　　 6 　　5 　　4 　　　　　　　　　　 1

　　這裡提出一個問題，第一個上兑甲子在哪年？一般定爲公元前1377年（殷盤庚二十二年），此爲起算點。以此遞推，公元64年（漢明帝永平七年）爲公元後第一上元甲子年。生年干支與九宮對應，即以此64年爲起算點，且以180年大周期計算較爲簡單，方法如下：

第一步，求上元甲子年

　　　　上元甲子年＝64＋180K

　　　　K＝0、1、2、…………

第二步，求出生年至180年大周期中的餘數，設出生年爲A

　　　　A＝64＋180K＋a

　　　　A－64＝180K＋a

　　即a爲A－64除以180的餘數寫成同餘式

A－64≡a（mod 180）

例：設某女性生於1926年

　　　1926－64≡1862≡62（mod 180）

　　　即餘數a＝62

第三步，再求a除以9之餘數

　　　　即求　a≡？（mod 9）

上例：62≡8（mod 9）

　　　即62除以9餘數爲8

第四步，將此餘數8，按下表對應

餘　　　數	1	2	3	4	5	6	7	8	0
女性九宮	6	7	8	9	1	2	3	4	5
男性九宮	9	8	7	6	5	4	3	2	1

上例女性餘數8對應4宮，以下再舉數例：

例1：1933年出生男性

$\quad$ A－64≡1933－64≡1869≡69（mod 180）

$\quad$ 69≡6（mod 9）

男性餘數6，對應九宮4，即命卦爲巽

例2：1939年生女性

$\quad$ A－64≡1939－64≡1875≡75（mod 180）

$\quad$ 75≡3(mod 9)

女性餘數3，對應九宮8，即命卦爲艮

例3：1950年生男性

$\quad$ A－64＝1950－64≡1886≡86（mod 180）

$\quad\quad$ 86≡5（mod 9）

男性餘數5，對應九宮5，5爲中央宮寄坤宮，命卦爲坤

例4：1936年生女性

$\quad$ A－64≡1936－64≡1872≡72（mod 180）

$\quad$ 72≡0（mod 9）

女性餘0，對應九宮5，5爲中央宮寄艮宮，命卦爲艮。

四、泛論之三

　　中國傳統文化，中國古代思想史，似乎離不開嚴肅高雅的殿堂，那些睿智的思想家，從古到今似乎列隊而來。中國術數不能歸屬於這一正統的思想體系，於是伏羲八卦，文王六十四卦，周易預測，天盤地盤爲學人所不齒。但另一方面，出版社卻在不斷出版術數書籍，如古籍新印以及今人著述（古籍新印較大型的如

上海古籍出版社《四庫術數類叢書》）。或謂今人著述旨在批判，可細讀之，也不盡然，一張白紙爲何塗抹些術數觀，先流毒於世人，而後批判之，何必呢？大部頭的古籍新印，出版社不是在昏頭昏腦？仔細研究，這些中國術數研究者，整理者，出版者，現今著述者，也是一種「睿智」。他們不願停留在高談中國傳統文化，而是深入到一些細節問題，具體到中國術數運算。筆者這裡沒有絲毫輕視宏構理論體系和思想體系，術數也僅是傳統文化（甚至縮小到民俗文化）的一端。但重視和多用具體實例，是對付理論系統大而無當這種毛病的好辦法。

中國術數很難說有其理論大廈或理論建構。它所欲表現的是人自體的潛在信息，如個人命運，人類命運，家國氣運，人與宙的同構。但其所欲表現的是一回事，眞實表現的又是一回事，且其表達方式是以卦爻、易象、河圖、洛書、干支、五行、星斗爲構架，使人難以捉摸，故而難以認知。但不能否認，中國術數既是經驗的又是形式的，是一種認識體系。

前面所論以生年映射九宮數，且與八卦（命卦）關聯，決定住宅之吉方，凶方，我們說是形式的，即是以一定規則，一定運算所求取。然而是否經驗的？假如是經驗的，必然可以實際驗證，但如何驗證此吉凶方對人禍福之影響，是一大難題。如某人得福，怎能確定是由於其居住爲吉方所致；某人得禍，又怎能確定是由於其居住爲凶方所致。筆者若干年來所住房屋，床位都在凶方，但無禍福可言，只是平平度日。筆者這樣講，是否想僅此一例，而否定中國術數的眞實性，或者是一種圓滑，既不肯定，也不否定。行文至此，確實感到一種困惑，玩術數，不是由於其神秘（按現代通行的提法）而不加可否的相信，也不是由於其神秘不可確

知而完全否定。術數既然存在，就有其存在的背景和理由，既是存在，就可以去探索，去研究，作爲研究課題，不妨提出一種比較研究法：

「在某一意義上，一切事物都是可以引合而相與比較的；在另一意義上，每一事物都是個別而無可比擬的。

按照前者，希臘的馬其頓（Macedon）可比英國的蒙墨斯（Monmouth），因爲兩地都有一條河海（Shaxespeare，Henry V.IV.iii）。但是，按照後者，同一河流裡的每一個水波自別於其他水波（Ia Boetie：「Vers a Margurite de Carle」）。」

此引文是錢鍾書先生爲《中國比較文學年鑒》題詞（1985年3月），筆者借來闡述自己"比較"觀念。生年九宮映射確定住宅之吉方、凶方相與比較的是生日九宮映射和生時九宮映射確定人的死亡期。前者不易驗證，後者極易驗證，二者所測知之內容不同，但二者均與洛書相關聯，因之，二者是可以引合而相與比較的。人類存在和宇宙同構，周期律是一種普遍規律，無論干支記年、記月、記日、記時的以60爲一周期，以及60和9的最小公倍數180爲上中下三元的一大周期，這是關於周期的淺層次認識。深層次認識是中國術數中洛書的出現，即將1至9數字的一種有序排列，且映射干支這就引進潛信息，以此構建計算方法，人可以測知自身的規律。雖然這種測知不像自然科學具有數學的準確性，但人本身的複雜性，所處環境的多變性，以及諸多歷史因素對人的影響現代邏輯和數學計算人本身無能爲力，中國術數的潛信息運算，彌補此空缺。那麼，首先是承認中國術數，而不是禁錮，然後才能談到研究中國術數，以期要求測定 的精度。

以下紹介以生日九宮，生時九宮測定人的三十年域死亡期，還是以具體實例闡述。

例1：岳飛的生日干支爲甲子，生時干支爲己巳，生月干支爲乙卯（二月），生年干支爲癸未（1103年）即：

1103年　　　癸未
　二月　　　乙卯
十五日　　　甲子
　　時　　　己巳
求日九宮的資料：如下兩表

冬至→夏至（陽遁）日干支與九宮對應表

日干＼日支	甲	乙	丙	丁	戊	己	庚	辛	壬	癸
子	1 7 4		4 1 7		7 4 1		1 7 4		4 1 7	
丑		2 8 5		5 2 8		8 5 2		2 8 5		5 2 8
寅	6 3 9		3 9 6		6 3 9		9 6 3		3 9 6	
卯		7 4 1		4 1 7		7 4 1		1 7 4		4 1 7
辰	5 2 8		8 5 2		5 2 8		8 5 2		2 8 5	
巳		6 3 9		9 6 3		6 3 9		9 6 3		3 9 6
午	4 1 7		7 4 1		1 7 4		7 4 1		1 7 4	
未		5 2 8		8 5 2		2 8 5		8 5 2		2 8 5
申	3 9 6		6 3 9		9 6 3		3 9 6		9 6 3	
酉		4 1 7		7 4 1		1 7 4		4 1 7		1 7 4
戌	2 8 5		5 2 8		8 5 2		2 8 5		5 2 8	
亥		3 9 6		6 3 9		9 6 3		3 9 6		6 3 9

夏至→冬至（陰遁）日干支與九宮對應表

日干〵日支	甲	乙	丙	丁	戊	己	庚	辛	壬	癸
子	936		693		369		936		693	
丑		825		582		258		825		582
寅	471		714		471		147		714	
卯		369		693		369		936		693
辰	582		258		582		258		825	
巳		471		147		471		147		714
午	693		369		936		369		936	
未		582		258		825		258		825
申	714		471		147		714		147	
酉		693		369		936		693		936
戌	825		582		258		825		582	
亥		714		471		147		714		471

　　生日與節氣有關，生日在冬至至夏至之間使用陽遁表，生日在夏至至冬至之間使用陰遁表。一般冬至在陽曆12月22日或23日，農曆爲十一月中，太陽黃經度爲270°。夏至在陽曆6月21日或22日，農曆爲五月中，太陽黃經度爲90°。

　　表中每格三個數字分別表示上中下三元之九宮數。每年有六個甲子日。冬至至夏至（即農曆十一月、十二月、正月、二月、三月、四月、五月）接近冬至之甲子日爲陽遁上元始，第二甲子日爲陽遁中元始，第三甲子日爲陽遁下元始。夏至至冬至（農曆五月、六月、七月、八月、九月、十月、十一月）接近夏至之甲子日爲陰遁上元始，第二甲子日爲陰遁中元始，第三甲子日爲陰遁下元始。

　　岳飛生於1103年二月，爲陽遁，查《中國史曆日和中西日對照表》，二月十五日爲中元。查陽遁表，生日干支甲子對應，九宮數爲7，即生日爲7宮。

　　第二步：求生時九宮，生時九宮見下表

生時九宮表

生時 九宮 日支	時支	子	丑	寅	卯	辰	巳	午	未	申	酉	戌	亥
陽	子午卯酉	1	2	3	4	5	6	7	8	9	1	2	3
	丑未辰戌	4	5	6	7	8	9	1	2	3	4	5	6
遁	寅申巳亥	7	8	9	1	2	3	4	5	6	7	8	9
陰	子午卯酉	9	8	7	6	5	4	3	2	1	9	8	7
	丑未辰戌	6	5	4	3	2	1	9	8	7	6	5	4
遁	寅申巳亥	3	2	1	9	8	7	6	5	4	3	2	1

　　岳飛生日干支爲甲子，生時干支爲己巳，查陽遁表子巳交會
點爲6，即生時爲6宮。

　　第三步：寫出大運九宮對應表。首先用下表查出生日干支編
碼且根據生日年干支確定順運，逆運。

生日干支編碼表

日干＼日支	甲	乙	丙	丁	戊	己	庚	辛	壬	癸
子	16		28		10		22		4	
丑		17		29		11		23		5
寅	6		18		30		12		24	
卯		7		19		1		13		25
辰	26		8		20		2		14	
巳		27		9		21		3		15
午	16		28		10		22		4	
未		17		29		11		23		5
申	6		18		30		12		24	
酉		7		19		1		14		25
戌	26		8		20		2		14	
亥		27		9		21		3		15

生年干順逆運表

年　　　　干	順　逆　運
甲丙戊庚壬	男順、女逆
乙丁己辛癸	男逆、女順

起算運計算式：

$$順運起算運 = 〔\frac{30-生日干支編碼}{3}〕$$

$$逆運起算運 = 〔\frac{生日干支編碼-1}{3}〕$$

其中括號〔　　〕表示取整數，小數捨去，如〔5，9〕＝5

計算中的特例：順運中如遇編碼為28，29，30不用計算，當一年運。逆運中如遇編碼為1，2，3不用計算，當一年運。

岳飛生年干癸，男逆，即按逆運算。生日干支為甲子，查表甲子編碼為16。

$$逆運起算運 = 〔\frac{生日干支編碼-1}{3}〕$$

$$= 〔\frac{16-1}{3}〕 = 5$$

寫出大運九宮對應表：

大運期	5	15	25	35	45	55
九　宮	6	5	4	3	2	1

　　起算運爲5，依5歲、15歲、25歲……即在年運上加10歲遞增。

　　大運爲順運時，對生日九宮加 1，依照 1、 2、 3、 4……順序九宮記數。

　　大運爲逆運時，對生日九宮減 1，依照 9、 8、 7、 6……逆序九宮記數。

　　岳飛生日九宮爲 7，逆運，則按 6、 5、 4……記數。

　　第四步：死亡線之確定。用下述宮盤資料。

宮　　盤

9	5	7	1	6	8	2	7	9
8	1	3	9	2	4	1	3	5
4	6	2	5	7	3	6	8	4

3	8	1	4	9	2	5	1	3
2	4	6	3	5	7	4	6	8
7	9	5	8	1	6	9	2	7

6	2	4	7	3	5	8	4	6
5	7	9	6	8	1	7	9	2
1	3	8	2	4	9	3	5	1

死 亡 線 盤

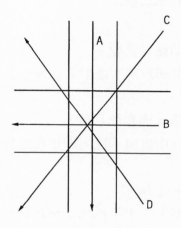

A 線	死宮爲 2；7
B 線	死宮爲 8；9
C 線	死宮爲 3；6；5
D 線	死宮爲 1；4

以下述映射計算岳飛死亡期：

〔生日〕甲子　　7宮

〔生時〕己巳　　6宮

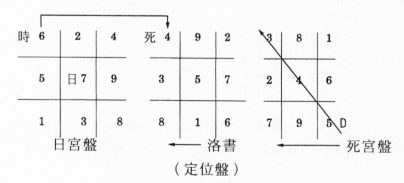

時 6	2	4
5	日 7	9
1	3	8

日宮盤

死 4	9	2
3	5	7
8	1	6

←────　洛書
（定位盤）

3	8	1
2	4	6
7	9	5 D

←────　死宮盤

大運期	5	15	25	35	45	55
九　宮	6	5	4	3	2	1

即岳飛三十年域死亡期爲：

15—24歲；25—34歲；35—44歲。

映射運算說明如下：

日宮爲 7，以 7爲中宮，即爲日宮盤。

日宮盤中時宮 6標出。時宮 6對應（映射）洛書定位盤爲 4， 4即爲死宮。

死宮爲 4，以 4爲中宮作盤，即爲死宮盤。

死宮 4，對應 D線，在死宮中畫出 D線，即爲死亡線（通過 3、4、5三宮）。

在大運九宮對應表中標出死亡域。

更進一步是確定十年域死亡期。三十年域死亡期是由日宮，時宮確定，即A、B、C 、D死亡線通過三宮，每宮十年運，已如上述。如將此三宮分爲上中下三元，即各宮爲一元，則縮小爲十年域。列出三元表：

下	上	上
下	中	上
下	下	上

三元由年宮確定，年宮的計算是由出生年減去64，除以180得餘數，此餘數除以9，又得餘數，此餘數按下表對應求出年宮。

餘 數 年 宮 對 應 表

餘數	1	2	3	4	5	6	7	8	0
九宮	2	1	9	8	7	6	5	4	3

岳飛生於1103年，求取年宮：

$$1103-64 \equiv 1039 \equiv 139（mod180）$$

$$139 \equiv 4 \quad （mod9）$$

$$|$$

$$8（年宮）$$

在前述岳飛日宮盤中找出8（年宮），相對應洛書定位盤之數字為6，此對應宮定義為命宮。岳飛命宮為6。由下表定三元。

命宮三元對應表

	上 元	中 元	下 元
男性命宮	1、4、7	2、8、5	3、6、9
女性命宮	1、4、7	3、6、9	2、8、5

命宮6對應下元岳飛死宮盤D線下元為3宮，3宮大運期為35—44歲，岳飛逝於1142年，1142-1103＝39歲。

例2：美國明星瑪麗蓮夢露的死亡期測定。

〔年〕1926年　丙寅　4宮　　（年干丙、女逆運）

〔月〕四月　　癸巳　　　　（冬至→夏至、陽遁）

〔日〕二十一日辛酉　7宮　　（下元）

〔時〕　　　　癸巳　6宮

$$1926-64 \equiv 1862 \equiv 62（mod \ 180）$$

$$62 \equiv 8 \quad （mod \ 9）$$

$$|$$

$$4（年宮）$$

查表，日宮爲7，時宮爲6

時6	2	4年
5	7日	9
1	3	8

日宮盤

死4	9	2命
3	5	7
8	1	6

洛書定位盤

3	8	9
2	4	6
7	9	5

D線

死宮盤

$$逆運起算運＝〔\frac{日干支編碼－1}{3}〕$$

$$＝〔\frac{13－1}{3}〕＝4$$

大運期	4	14	24	34	44	54
九　宮	6	5	4	3	2	1

　　3、4、5 宮爲三十年域死亡期。命宮2 對應下元，即3宮（D線下元爲3宮），3宮即是十年死亡域。瑪麗蓮夢露36歲死亡，在34－43歲十年死亡域內（即3宮內）。

　　例3：某女

1902年	壬寅	1宮	（女逆運）
八月	己酉		（夏至→冬至、陰遁）
九日	丙申	7宮	（中元）
時	己亥	1宮	

日宮盤　　　　　　洛書定位盤　　　　　死宮盤

大運期	5	15	25	35	45	55
九　宮	6	5	4	3	2	1

十年死亡域爲5－14歲，實際此女7歲死亡。

例4：某男，1952年生，1988年死亡。

〔年〕1952年　壬辰　5宮　　　（年干壬、男順運）

〔月〕　八月　己酉　　　　　　（夏至→冬至陰遁）

〔日〕十五日　壬午　3宮　　　（中元）

〔時〕　　　　壬寅　7宮

$$1952 - 64 \equiv 1888 \equiv 88 \ (\mathrm{mod}\ 180)$$

$$88 \equiv 7 \ (\mathrm{mod}\ 9)$$

5（年宮）

時　　　　　　死宮

2	7	9
1	3日	5年
6	8	4

日宮盤

4	9	2
3	5	7
8	1	6

洛書定位盤

8	4	6
命宮7	9	2 ——B死亡線
3	5	1

死宮盤

$$順運起算運 = \left[\frac{30-生日干支編碼}{3}\right]$$

$$= \left[\frac{30-4}{3}\right] = 8$$

大運期	8	18	28	38	48	58	68
九宮	4	5	6	7	8	9	1

　　十年死亡域在7宮，即38-47歲十年內死亡。此人實際36歲死亡，誤差2年。

　　例5：測定奇士徐樂吾先生死亡期。

　　　　1886年　丙戌　8宮　（男順運）

　　　三月　壬辰　　　　（冬至←夏至陽遁）

　　　初三　丙申　3宮　　（中元）

　　　　時　丙申　6宮

$$1886-64 \equiv 1822 \equiv 22 \ (\bmod 180)$$

$$22 \equiv 4 \ (\bmod 9)$$

$$\downarrow$$

$$8 \ (年宮)$$

查表得：日宮為3、時宮為6、日干支編碼為18。

2	7	9		4	9	2		7	3	5	
1	3日	5		3	5	7		6—	—8—	—1	B
6	8	4		8	1	6		2	4	6	

時　　　　年　　　　死　　命

日宮盤　　　　　洛書定位盤　　　　　死宮盤

$$順運起算運 = \left[\frac{30-生日干支編碼}{3}\right]$$

$$= \left[\frac{30-18}{3}\right] = 4$$

大運期	4	14	24	34	44	54	64
九　宮	4	5	6	7	8	9	1

徐樂吾先生63歲逝，十年死亡域（1宮）為64－73歲，誤差1年。

例6：清代大儒某

1851年　辛亥　7宮　　（男逆運）

十一月　庚子　　　　（冬至十一月初一、十一月二十五

　　　　　　　　　　　　　日，在冬至→夏至，陽遁）

　　二十五日丙子　4宮　　（上元）

　　　　時　辛卯　4宮

　1851－64　　1787　　167（mod180）

　　　　　　　167　　5　　（mod 9）

　　　　　　　　　　│

　　　　　　　　　7（年宮）

　　查表　日宮爲4、時宮爲4、日干支編碼爲28。

日宮盤　　　　　洛書定位盤　　　　　死宮盤

$$逆運起算運＝〔\frac{日干支編碼－1}{3}〕$$

$$＝〔\frac{28－1}{3}〕＝9$$

大運期	9	19	29	39	49	59	69	79	89	99
九　宮	3	2	1	9	8	7	6	5	4	3

　　十年死亡域在5宮，即79－88歲十年內死亡。實際先生86歲
逝世。

例7：日本首相大平正芳

　　　1910年　　庚戌　　2宮　　　（男順運）

　　　　二月　　己卯　　　　　　（冬至→夏至、陽遁）

　　　　初二　　丙子　　1宮　　　（中元）

　　　　　時　　癸己　　6宮

　　1910－64≡1846≡46（mod180）

　　　　　　　　　46≡1（mod9）

　　　　　　　　　　　2（年宮）

查表，日宮1、時宮6、日干支編碼28。

9	5	7	4	9	2	9	5	7
8	1	3	3	5	7	8	1	3
4	6時	2年	8	1死	6命	4	6	2 D

　　　日宮盤　　　　　　　洛書定位盤　　　　　　死宮盤

$$順運起算運 = \left[\frac{30 - 生日干支編碼}{3} \right]$$

$$= \left[\frac{30 - 28}{3} \right] = \left[\frac{2}{3} \right]$$

此按1歲算

大運期	1	11	21	31	41	51	61	71	81
九　宮	2	3	4	5	6	7	8	9	1

十年死亡域在9宮（D線下元）大平正芳71歲逝世，在此域內。

例8：諸葛亮（181－234）

181年	辛酉	3宮	（男逆運）
	七月	丙申		（夏至→冬至陰遁）
二十三日癸丑		5宮	（上元）
	時	丁巳	1宮

查表，日宮5、時宮1、日干支編碼5

```
  4 │ 9 │ 2        4 │ 9 │ 2        ⤢9 │ 5 │ 7
──────────────   ──────────────   ──────────────
年 3 │ 5 │ 7     命 3 │ 5 │ 7       8 │ 1 │ 3
──────────────   ──────────────   ──────────────
  8 │ 1時│ 6      8 │ 1死│ 6       4 │ 6 │ 2
     日宮盤          洛書定位盤          死宮盤    D
```

$$逆運起算運 = \left[\frac{生日干支編碼-1}{3}\right] = \left[\frac{5-1}{3}\right] = 1$$

大運期	1	11	21	31	41	51	61	71	81	91
九　宮	4	3	2	1	9	8	7	6	5	4

　　十年死亡域在9宮（D線下元），即在41－50歲死亡，實際諸葛亮53歲逝世（234－181＝53）。

超過死亡期3年，或因其有避凶之法。

例9：某女，1964年生，1987年死亡。

　　　1964年　甲辰　2宮　　（女逆運）

　　　三月　戊辰　　　　（冬至←夏至陽遁）

　　　初七　丁酉　4宮　　（中元）

　　　時　癸卯　4宮

　　1964－64≡1900≡100（mod180）

　　　　　100≡1（mod9）

　　　　　　　|

　　　　　　2（年宮）

　　查表，日宮4、時宮4、日干支編碼19

3	8	1
年2	4 時	6
7	9	5

4	9	2
命3	5 死	7
8	1	6

4	9	2 C
3	5	7
8	1	6

　　日宮盤　　　　洛書定位盤　　　　死宮盤

$$\text{逆運起算運} = \left[\frac{\text{生日干支編碼} - 1}{3} \right]$$

$$= \left[\frac{19 - 1}{3} \right] = 6$$

大運期	6	16	26	36	46	56	66	76	86
九　宮	3	2	1	9	8	7	6	5	4

　　此女23歲死亡，在三十年域（2宮、8宮、5宮）死亡期內。

　　此女1987年4月14日去西北方向出差，回來途中因車禍將胸部撞碎而死。或避凶之法，不去西北方，估計能活到76－85歲之間（C線中元5宮，爲十年死亡域）。

　　〔附註〕關於死亡線及其上中下三元之確定，前列表爲：

死　宮	2、7	8、9	3、6、5	1、4
死亡線	A	B	C	D

命宮	1、4、7	2、8、5	3、6、9
三元	男　上元 女　上元	男　中元 女　下元	男　下元 女　中元

　　筆者計算若干例，無論死宮爲5，或命宮爲5，往往測不準，即有準例，也有不準例，此一特殊情況，再補充第二種算法：

　　無論死宮爲5，或命宮爲5，不需確定死亡線及定三元，十年死亡域可確定在死宮之中宮。

兩種計算方法，可以比較研究之。

　　上舉九例，闡明預測死亡期的可行性，但並未證實百分之百的準確性（實際現代科學也有精度和誤差之說），要作出準確性的百分率，至少一千例證。但通過此九例預測，筆者可以闡述以下諸問題：

　　第一　中國術數與現代數學方法相比較，現代數學對於隨機事件或事件的隨機性，是以概率論和數理統計爲研究手段，或可引進事物模糊性的模糊數學。

以概率論正態分布而言，一旦數學模型建立，我們關心的是其實用價值。生產和科學實驗中很多隨機事件的概率分布都可以用正態分布來描述，例如產品的強力，抗壓強度，長度等指標；生物體的身長，體重等指標；種子的重量指標；一個地區的降雨量；一個班的考試成績；理想氣體分子的速度分量⋯等等。就其一般性來考察，如果一個量是由許多微小的獨立隨機因素影響的結果，那麼就可以認為這個量具有正態分布。

正態分布最早由A‧棣美弗（1730）在求二項分布的漸公式中得到。C‧F‧高斯在研究測量誤差時，從另一角度同樣導出此一隨機模型：

$$P\{\xi \leq x\} = \frac{1}{\sqrt{2\pi}\,\sigma} \int_{-\infty}^{x} e^{-\frac{(t-\mu)^2}{2\sigma^2}} dt$$

在此模型中，一個本質的數，或者我們特感興趣的數，是常數e。e決定概率分布的曲線性態，決定一種圖式，我們也僅能理解隨機事件按此圖式行事，僅能理解這一現象！e 在現代數學和物理學中似乎比比皆是，可以認為e 是宇宙規律的一個重要參數。以此相與比較的是中國術數中的洛書以及九宮圖。洛書的構成及其源流雖然還說不清楚（筆者在《漫談周易》一書中，僅以數學角度論證過），但其起源很古，是中國祖先認識宇宙而構成的一種圖式，卻是肯定的。洛書是九個數字的組合圖形，而且是極其

簡單的數學圖形，但其內涵深邃，不是邏輯的和數學的，是宇宙及人類自身的一個象數模型。由此引述第二個問題。

第二、科學方法與術數方法。熊十力先生有關哲學方法的討論，以科學和哲學的方法為前提，他認為科學和哲學的方法為前提，他認為科學與哲學具有完全不同的性質與功能，所以既要「分其種類」又要「別其方法」。所要認識的對象不同，那麼認識對象所用的方法也不同，這一原則完全可以應用到研究中國術數上來。

熊十力先生認為人類具有兩種不同的認識能力，即「性智」和「量智」。「量智」是「科學所憑借以發展的工具」，即是人們通常所說的理智，即是實證的、分析的、推理的、邏輯的方法。「性智」則是人類具有的一種自我認識和自我超越的能力，這種認識不是通過純粹的理智分析和邏輯推演實現的，需要「反求自識」、「體認」、「冥悟證會」。在熊十力先生的哲學論中，用大量的篇幅批判理智方法的局限性，這與他對科學主義的批判是一致的。「性智」與「理智」的區分，是其哲學方法論的重要概念。中國術數的「證會」不是「冥悟證會」，而是要搭起邏輯的虛架子，在認知活動中只是一種媒介，四柱命學中的四柱，更廣泛測知中的洛書及九宮圖，即是這種媒介。亞里斯多德的範疇，只是一種設準的應用，所以只有認知中的邏輯意義，而無智的直覺，中國術數是屬於智的直覺的存有論。檢驗智的直覺是實證的，這就是為甚麼四柱命學從唐代的李虛中走到宋代的徐子平。

洛書及九宮圖是「證會」的一種圖譜，像 e 是現代數學以及測知隨機事件概率論中一個重要參數一樣，這種圖譜是測知人自身規律性的一個重要參照系。那麼引入第三個問題。

　　第三、奇門遁甲是兵書，即擇時選定吉凶方而決策軍事行動的方位學。局是奇門遁甲最基礎部分，陰九局陽九局共十八局，以時盤而論十八局共有 $18 \times 5 \times 12 = 1080$ 盤。構造遁甲盤必先決定局，局是時間，盤是空間，二者構成時空相。計算人的死亡期，是應用奇門遁甲的定局方法，奇門遁甲的定局即是測定死亡期的定宮（日宮、時宮），再由日宮、時宮、洛書確定死宮盤及死亡線，由年宮確定死亡線上十年死亡域。

　　奇門遁甲是：時間（局）——空間（地盤）結構。

　　死亡期計算是：時間（宮）——時間（死宮盤）結構。二者均以洛書和九宮圖爲參照系（或稱坐標），而且用同一參數計算，我們不得不驚奇中國術數計算時空的同一性！

　　第四　最後的非結論的結論。洛書及九宮計算死亡期是可以驗證的，那麼基於洛書的羅經測定吉凶方位有一定依據。雖然依洛書測定方位的內涵是甚麼，尚未能闡明，但時空同一性這種中國術數構架給我們某種認知。以後的問題，是進一步探求，以期達到完全認知或否定。對一個受過嚴格邏輯訓練的人來說，決不敢輕易「一言以蔽之」。

第二章 羅盤基本結構

一、天地人二十四山

　　羅盤最外一層是360°分度；最內一層是先天八卦、乾南、坤北；中間各層，各家製造羅盤不同，層次也不同，一般有三四十層。首先紹介二十四山盤，「山」是方向或方位之義，即二十四方位，以四卦、八天干、十二地支共二十四字表示二十四方位，每字覆蓋15°。四卦為乾、坤、巽、艮；八天干為甲、乙、丙、丁、庚、辛、壬、癸；十二地支為子、丑、寅、卯、辰、巳、午、未、申、戌、亥、如右圖所示：

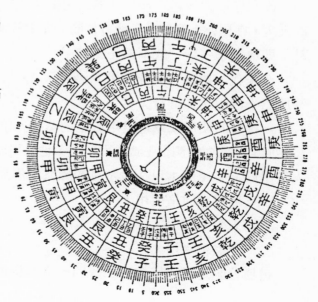

內盤稱爲地盤，子對應圓周0°、午對應180°，此子午線即地球磁極子午線，爲二十四山之正位，此子午線，或稱爲正針，故此地盤又稱爲正針地盤。地盤二十四山用途是定山向、辨水向。

中盤稱爲人盤，其子午線右偏地盤子午線7.5°稱爲中針。人盤測定上關天星厘度氣運進退，下關山川分野地脈賴否。

外盤稱爲天盤，其子午線左偏地盤子午線7.5°稱爲縫針。天盤子午即臬影子午，即由太陽光影所確定。

爲便於理解三盤面的含義，再提出以下諸問題。

或有將中盤稱爲縫針、外盤稱爲中針，名詞不統一。這裡定義中盤爲「中針人盤」；外盤爲「縫針天盤」。

三盤面的制定與地磁極的變動及風水學發展史有關。唐代堪輿家丘延翰（713－741年）時，羅盤的二十四山以地磁南北極爲準，指南針指向午位，即是指磁南極爲「正針」方位。

後來形派大師楊筠松，考慮到地磁子午線與地理子午線之間的夾角，在羅盤上又加了一層方位圈，即中針人盤，其子午線（中針）即地理子午線，或稱眞子午線。

至宋代，磁偏角變化爲北偏西7.5°，相地師賴文俊又加了一層二十四山，即縫針天盤。

羅盤的使用或以地盤用於室內器物方位的測定，人盤用於屋外形勢和朝向的測定；或前面所述，地盤用於定山向、辨水向，人盤用於天星厘度；現在最常見的羅盤使用爲：

地盤立向格龍用。

人盤消砂用。

天盤納水用。

這種分劃是風水家的專門學問，筆者也講不出道理。

二、建築的朝向

羅盤主要確定建築的朝向。選址要考慮周圍環境及形勢,那麼朝向和環境、形勢需統籌兼顧。

中國傳統建築的方位是非常講究而細膩的,一般鮮為人知,程建軍著《中國古代建築與周易哲學》一書中有所闡述,摘抄如下:

(一)「天子當陽而立,向明而治。」所以宮殿等皇家主要建築和州府縣官署衙門一般取正南向,坐北朝南取子午線向。其早期建築是以地理子午線而定的,而後期建築多是用磁羅盤而定向的,如明清北京故宮的南北中軸線就是以地磁子午線(羅盤指南針)確定南北向的,它南有「午」門,北有神武門。

(二)部分古建築朝向實測數據:

建 築 名 稱	山 門	前 殿	大 殿	後 殿
廣州南海神廟	南偏東7°	正　南	南偏西2°	南偏西3°
福建永定張氏祠堂			南偏西18°	
潮州韓公祠			西偏南8°	
潮州開元寺	南偏西6°	南偏西5°	正　南	南偏西3°
潮州許駙馬府			南偏東8°	南偏東6°
杭州岳王廟			南偏西25°	
蘇州報恩寺	南偏東10°	(塔)南偏東5°	南偏東5°	南偏東10°
蘇州西圓寺		南偏西3°	正　南	
大同下華嚴寺	東偏南6°	東偏南4°	東偏南4°	

原注:此表數據為筆者實測,與上文中所述建築方位略有差異,原因有三,(1)地磁極不斷移動(以指南針測定);(2)測量不精確;(3)歷代重建變動。

㈢寺廟道觀一般以南向爲主，兼有其它朝向者（環境的影響
朝向爲一大因素，全世界的伊斯蘭教清眞寺大殿都取背向
聖地麥加。在中國則爲東向），其主要殿堂，如佛教中的
大雄寶殿、道觀中的三清殿、玉皇殿、孔廟學宮中的大成
殿等常以東南西北四正作爲朝向（大成殿常取南向），即
子午卯酉向。而其中的山門、天王殿、鐘鼓樓、配殿等次
要殿堂則不得朝向四正方向，而是微偏四正少許或幾度。

㈣民居爲生活和氣候相協調的需要，常取南向或偏南向。古
代中國人認爲，普通老百姓的德行修養遠遠不能與聖人或
神人相比擬的，所以民居不得朝向四正方向，而是多取以
除四正方向外的其它方向，且以中針人盤定向。

筆者摘抄，略備一說，我們看到在風水中的一種文化觀。

關於建築朝向，因地區不同而有所區別，這些朝向使室內陽
光充足，冬暖夏涼，朝向之差別，可使室內溫度相差幾度。北京
地區一般建築朝向是南偏東30°以內，或南偏西30°以內，而昆
明地區建築最佳朝向是南偏東25°—56°。將各地區最佳建築朝
向列表如下（此表是王玉德先生根據朱保良《鄉村住宅設計》一
書中有關資料編制）：

地區	最佳朝向
北京	南偏東30°以內、南偏西30°以內
上海	南偏東15°以內
石家莊	南偏東15°
太原	南偏東15°
呼和浩特	南、南偏東、南偏西
哈爾濱	南偏東15°—20°

長春	南偏東30°、南偏西10°
瀋陽	南、南偏東20°
濟南	南、南偏東10°—15°
南京	南偏東15°
合肥	南偏東5°—15°
杭州	南偏東10°—15°
福州	南、南偏東5°—10°
鄭州	南偏東15°
武漢	南偏西15°
長沙	南偏東9°
廣州	南偏東15°、南偏西5°
南寧	南、南偏東15°
西安	南偏東10°
銀川	南至南偏東23°
西寧	南至南偏西30°
烏魯木齊	南偏東40°、南偏西30°
成都	南偏東45°至南偏西15°
昆明	南偏東25°—56°
拉薩	南偏東10°、南偏西5°
廈門	南偏東5°—10°
重慶	南、南偏東10°
旅大	南、南偏西15°
青島	南、南偏東5°—15°

　　這些實際數字，對研究風水很有價值。換言之，風水是有關
環境與人的學問，體現環境條件的「數」和「象數」，二者都是

風水內容。

　　人對規律性有一種強烈的需求，這種需求促使人們去探尋各種各樣的規律。環境和方位即是一種規律，即使動物也是以複雜而靈活的方式追求自己的生存環境，動物必須查明它周圍環境中的物體對它意味著甚麼。人卻具有「認知地圖」，即一種坐標系統，在此坐標系統上可以把富有意義的方位標示出來。以陰陽、五行、八卦、六十四卦，尤其洛書為構架的羅盤，正是這種系統。當然我們僅是從其源流及形成過程來理解、研究傳統文化，這是必須走的第一步。

三、羅盤的使用

羅盤的結構，如下示意圖：

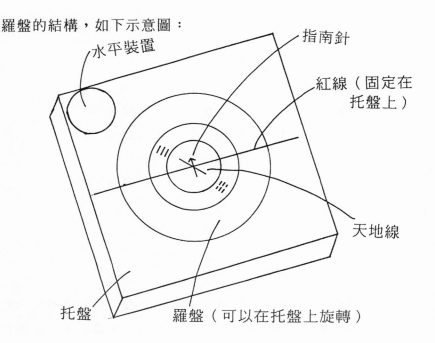

水平裝置　　　　　　　　　　　　　指南針

紅線（固定在托盤上）

天地線

托盤　　　　　羅盤（可以在托盤上旋轉）

　　羅盤的使用（指操作）不必拘於一格，以使用者「順手」爲好。這裡筆者僅介紹一法，一隅而反三。例如要測定院落水口方向，則將羅盤放置在天井正中，將紅線（和托盤一體）指向水口，然後旋轉羅盤（托盤不動）使指南針和天地線重合，此時紅線在羅盤上所指示方位，即是水口朝向。假如讀者具有羅盤，由羅盤構造，不難悟出使用方法，不學自明，筆者所講，實際是多餘的。

四、二十四山分陰分陽

　　上面談到二十四山以八天干、十二地支、四卦，將圓周分爲二十四等份，以表示方位。進一步理解，其分劃是以洛書爲參考系，而構成諸方位的「有機」結合。

　　天干配洛書

丁 4	甲 9	辛 2
壬 3		癸 7
庚 8	乙 1	丙 6

　　地支配洛書

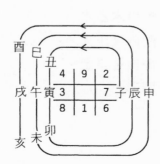

四卦配洛書

乾 9	巽 2
1 坤	6 艮

地支三合：

　　子辰申合水

　　丑巳酉合金

　　寅午戌合火

　　卯未亥合木

天干五行：

　　甲乙木

　　丙丁火

　　庚辛金

　　壬癸水

地支與天干相配：

　　子水在正北、配壬水癸水

　　卯木在正東、配甲木乙木

　　午火在正南、配丙火丁火

　　酉金在正西、配庚金辛金

以上諸項、繪制成圖形：

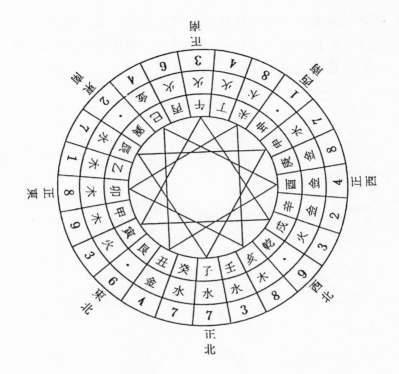

　　二十四山賦於五行義及洛書數，且形成一種排列。這種排列是對稱性的統一，有序和無序的統一，整體性和局域性的統一。如在對稱方位上五行相克，是生克的一種有序，但以洛書數偶為陰，奇為陽，其排列卻是無序。這種陰陽非對稱排列的無序中，卻有洛書數的規定性，這種規定性又是一種有序。

　　二十四山排列是極其簡單的，但以此說明方位的內涵因素，卻並不簡單，且難以現代科學分析和定量公式所描述，僅服從於「自然的有組織的世界」這一中國傳統的哲學觀念。談到實體空間，我們可以打一個比方，現代數學圖論，「點」，「線」及其

關聯是直覺的，而以矩陣理論將其抽象；這裡空間方位的定性，是建立於洛書構架，也是一種抽象，那麼要解決的終端問題，是河圖、洛書之學。

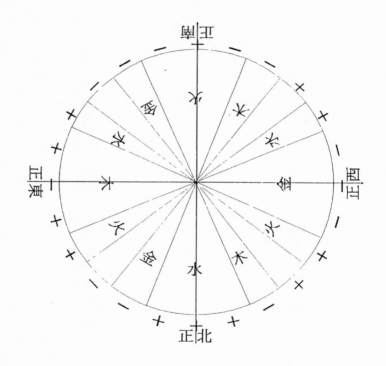

第三章　二十四山用法

一、洛書合十關聯和反身關聯

　　二十四山十二山爲陰、十二山爲陽，陰龍配陰向、陽龍配陽向，配合數均爲12取2之排列：

$$P_{12}^2 = 132$$

但實際其配合服從洛書坐標系，有合十之配；反身性之配；輔星卦水法；貪狼九星盤。一般風水書龍向之說，是以八卦、納甲、九星爲構架、較爲繁瑣，筆者將其統一在洛書構架中，便於理解和掌握。

　　將十二地支、八天干、乾、坤、艮、巽四卦納入洛書，從而構成一種映射體系，這裡不僅有數的關聯，而且有空間方位的關聯。干支、四卦可以理解爲信息符號，納入洛書，即抽象爲數，我們所感興趣的是數的運算。這種映射和關聯，究竟內涵是甚麼？此即考鏡源流，本書不贅。

　　天干、地支、四卦納入洛書，前面已繪制成圖形，爲方便計，重寫如下（一般稱爲納甲）：

丁 4	甲 9	辛 2
壬 3		癸 7
庚 8	乙 1	丙 6

丑巳酉 4	9	2
寅午戌 3		子辰申 7
卯未亥 8	1	6

4	乾 9	巽 2
3		7
8	坤 1	艮 6

山龍與向之配合，將地支書圖中不取子、午、酉、卯、三圖合併為一圖：

丁巳丑 4	乾 甲 9	巽 辛 2
壬寅戌 3		癸辰申 7
庚未亥 8	坤 乙 1	艮 丙 6

㈠洛書合十關聯——

　　　1、9合10

　　　2、8合10

　　　3、7合10

　　　4、6合10

這種合10組合又是陽配陽、陰配陰、以1、9合10為例

　　乾龍配坤向

　　乾龍配乙向

　　甲龍配坤向

　　甲龍配乙向

　　坤龍配乾向

　　坤龍配甲向

　　乙龍配乾向

　　乙龍配甲向

共八種排列，即八種龍向狀態，圖示爲：

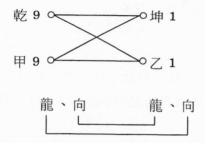

以此類推，2、8合10；3、7合10；4、6合10，圖示如下：

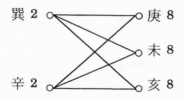

龍向配共12種排列。

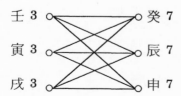

龍向配共18種排列。

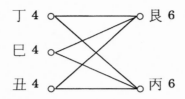

龍向配共12種排列。

㈡洛書反身性關聯。反身性或稱自反性，即自身對自身的係。如乾龍甲向或甲龍乾向，按洛書數是9對應9，是自反關聯。圖示如下：

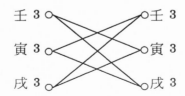

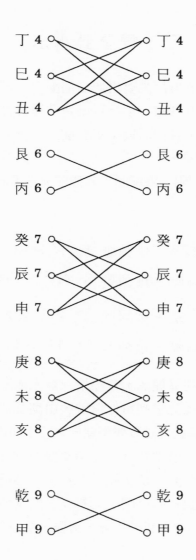

自反性關聯，實際排列數爲32。

二、輔星卦水法

　　前節洛書合十及自反主要用於山龍配向，輔星卦水法用於水龍配向及住宅吉凶方判定。第一章已述及命卦擇方位，所區別前者僅應用於八方位，且擇居與生年有關，這裡方法應用於二十四方位，且與生年無關。

　　山龍配向是陽配陽、陰配陰；水龍配向是陽向收陽水去陰水，陰向收陰水去陽水。

$$\text{陽 向} \begin{cases} \text{來水爲陽、排列數爲} & P_{12}^2 = 132 \\ \text{去水爲陰、排列數爲} & 12^2 = 144 \end{cases}$$

$$\text{陰 向} \begin{cases} \text{來水爲陰、排列數爲} & P_{12}^2 = 132 \\ \text{去水爲陽、排列數爲} & 12^2 = 144 \end{cases}$$

　　這是以純數學運算理解，實際情況是水龍配向，要賦以九星義，以判斷吉凶。九星這裡用作符號，由翻卦法產生。翻卦法第一章已述及，所區別這裡是以建築朝向之二十四山所對應卦起卦，前者是以命卦起卦。所謂翻卦，是指爻變，這裡規定爻變次序是中下中上中下中凡七變。依次賦以九星：一輔弼，二武曲，三破軍，四廉貞，五貪狼，六巨門，七祿存，八文曲。且對應九星賦以伏位、延年、絕命、五鬼、生氣、天醫、禍害、六煞，八個"氣場"名號。

　　例，如朝向爲丙向或艮向，如下圖丙艮所在宮爲艮宮，即以☶起卦。

丁丑巳酉 ☷ 4	乾甲 ☰ 9	巽辛 ☴ 2
壬寅午戌 ☳ 3		癸子辰申 ☵ 7
庚卯未亥 ☶ 8	坤乙 ☷ 1	艮丙 ☶ 6

翻卦排序如下圖：

艮 ☶	巽 ☴	乾 ☰	離 ☲	震 ☳	兌 ☱	坎 ☵	坤 ☷
輔弼（吉）	武曲（吉）	破軍（凶）	廉貞（凶）	貪狼（吉）	巨門（吉）	祿存（凶）	文曲（凶）
伏位	延年	絕命	五鬼	生氣	天醫	禍害	六煞
艮丙	巽辛	乾甲	壬寅午戌	庚卯未亥	丁丑巳酉	癸子辰申	坤乙

㈠應用此表，取向以地盤（正針），水龍向（來水、去水）以天盤（縫針）。這是中國傳統風水的規定，僅作參考，筆者認為不必恪守。

㈡宅內佈局或室內佈局，均以地盤（正針）。

㈢輔星卦水法是以輔弼星所轄之方位（或稱轄域）為建築朝向，各星轄域為來水和去水之向。

㈣輔星卦水法收輔弼、武曲、貪狼、巨門四吉星轄域之水（來水）；去破軍、廉貞、祿存、文曲四凶星轄域之水（去水）。

㈤以伏位轄域為住宅朝向，或居室朝向。而以伏位、延年、生氣、天醫轄域為吉方；以絕命、五鬼、禍害，六煞轄域為凶方，

設計門、床、書棹、下水、爐位、書房、浴室、廁所等位置。

㈥翻卦爻變對應洛書數,即卦抽象爲數,九星與洛書數相對應,如下表:

輔弼	武曲	破軍	廉貞	貪狼	巨門	祿存	文曲
9	3	6	2	7	1	8	4
1	7	4	8	3	9	2	6
3	9	2	6	1	7	4	8
7	1	8	4	9	3	6	2
2	6	3	9	4	8	1	7
8	4	7	1	6	2	9	3
4	8	1	7	2	6	3	9
6	2	9	3	8	4	7	1

先天八卦的對稱卦,洛書表示爲合10卦:

　　乾、坤對稱　9、1合10

　　離、坎對稱　3、7合10

　　巽、震對稱　2、8合10

　　兌、艮對稱　4、6合10

對稱卦之諸翻卦,仍然合10:

　　如乾坤卦之諸翻卦,依次爲9、1;3、7;6、4;2、8;

　　　　　　　　　　　7、3;1、9;8、2;4、6。

輔弼爲奇(陽),則四吉星輔弼、武曲、貪狼、巨門爲奇,四凶星破軍、廉貞、祿存、文曲爲偶(陰)。

輔弼爲偶,則四吉星爲偶、四凶星爲奇。

更重要的是翻卦爻變，陽爻變陰爻陰長陽息；陰爻變陽爻陽長陰息。陰陽息長是最確切的場矢量。中國風水給人一種抽象思考的場。卦上、中、下三爻所含陰和陽其數量不同，所以這種場強分布又是非線性的（詳細闡述見拙著《周易旁通》"周易卦序"一章）。

將此先天八卦以洛書坐標納甲──即既有諸卦陰陽之變，又有洛書對偶（廣義的對稱），化作二十四方位圓圖：

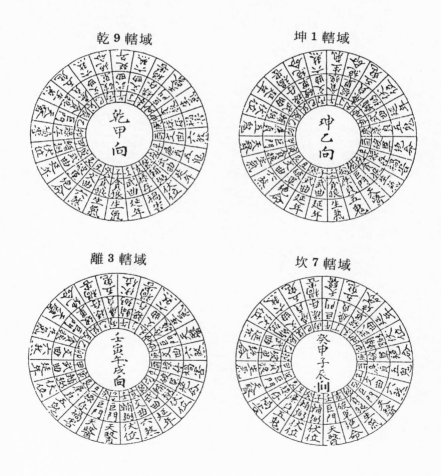

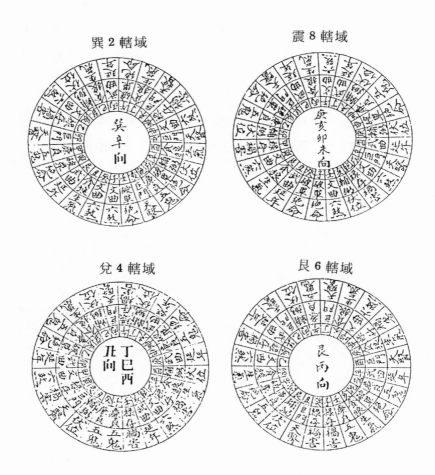

三、貪狼九星翻卦

貪狼九星翻卦與輔星卦水法翻卦區別：

貪狼九星翻卦爻變序——上中下中上中下，所對應九星爲輔弼、貪狼、巨門、祿存、文曲、廉貞、武曲、破軍。

輔星卦水法翻卦爻變序——中下中上中下中，所對應九星爲輔弼、武曲、破軍、廉貞、貪狼、巨門、祿存、文曲。

二者均以先天八卦納甲（見前面圖），爲行文方便，納甲之八卦與二十四方位可以理解爲集合論中之從屬關係，九星與二十四方位也可以理解爲從屬關係，則：

乾、甲 $\in$ ☰ 9　　　　　坤、乙 $\in$ ☷ 1

壬、寅、午、戌 $\in$ ☳ 3　　癸、子、辰、申 $\in$ ☵ 7

巽、辛 $\in$ ☴ 2　　　　　庚、卯、未、亥 $\in$ ☳ 4

丁、丑、巳、酉 $\in$ ☲ 4　　艮、丙 $\in$ ☶ 6

其中 $\in$ 爲集合論從屬關係符號。

貪狼九星翻卦列表如下：

☰ 9	☳ 4	☶ 8	☵ 1	☴ 7	☲ 2	☷ 6	☱ 3
1	6	2	9	3	8	4	7
3	8	4	7	1	6	2	9
7	2	6	3	9	4	8	1
2	7	1	8	4	9	3	6
8	3	9	2	6	1	7	4
4	9	3	6	2	7	1	8
6	1	7	4	8	3	9	2
輔弼（吉）	貪狼（吉）	巨門（吉）	祿存（凶）	文曲（凶）	廉貞（凶）	武曲（吉）	破軍（凶）

　　此翻卦爻變仍然嚴格遵守洛書合10之數，從方位對稱性及陰陽息長、貪狼九星翻卦給出了場矢量及場空間。

　　例一　坐亥山、來龍入首爲戌。
　　　　　則　亥 ϵ ☷（輔弼）
　　　　　　　戌 ϵ ☶（貪狼）　主氣吉

　　例二　坐申山、來龍入首爲未
　　　　　則　申 ϵ ☷（輔弼）
　　　　　　　未 ϵ ☱（武曲）　主氣吉

　　例三　坐申山、來龍入首爲寅
　　　　　則　申 ϵ ☷（輔弼）
　　　　　　　寅 ϵ ☴（祿存）　主氣凶

四、貪狼九星盤

　　羅盤中所標出的盤是以坤卦翻起的盤，即爲貪狼九星盤，坤爲地母，實際全稱應爲「地母翻卦貪狼九星盤」。貪狼九星翻卦前面已談到，這裡復述其對應關係：

坤 1	艮 6	巽 2	乾 9	離 3	震 8	兌 4	坎 7
☷	☶°	☴°	☰°	☲°	☳°	☱°	☵ °
輔弼	貪狼	巨門	祿存	文曲	廉貞	武曲	破軍

九星與二十四山對應：

武曲（吉） 丁丑巳酉 4	祿存（凶） 乾甲 9	巨門（吉） 巽辛 2
文曲（凶） 壬寅午戌 3		破軍（凶） 癸子辰申 7
廉貞（凶） 庚卯未亥 8	輔弼（吉） 坤乙 1	貪狼（吉） 艮丙 6

據此對應關係構造羅盤貪狼九星盤：

　外層爲地盤正針

　　理解九星是個複雜的問題，因爲九星是實星、又是虛星，實星是指天體中有此九顆星，虛星是指實星被虛擬化，而轉變爲中國術數中的一種符號，其間轉變或關聯機制是甚麼？很難說清楚。

奇門遁甲的制盤,實際應用了《周易》取象原理,即「象天」、「象人」、「象地」,象天、九星盤是上層;象人、八門是中層;象地、八卦是下層,九星、八門、八卦又統一在洛書坐標系中。風水術數仍以九星爲上層,象天;八卦轉化爲二十四山,爲地之方位,這樣形成天地統一的觀念。換言之,九星對二十四山的映射,就使二十四山賦以九星的吉凶,這種映射是以洛書坐標體現。

　　九星的實星是北斗七星及輔、弼二星,其移動如下之示意圖:

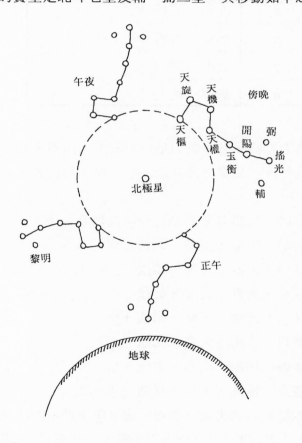

九星名稱對應如下表（北斗七星附近之輔、弼二星未列出）：

希臘文字	中　　國　　名	
α	貪狼　天樞	
β	巨門　天璇	魁
γ	祿存　天機	
δ	文曲　天權	
ε	廉貞　玉衡	杓
ζ	武曲　開陽	
η	破軍　搖光	

　　從此表看出貪狼九星盤的地母翻卦及前面的貪狼九星翻卦，所對應的九星序，是嚴格遵從北斗七星序，這裡北斗七星指實星而言。

　　作為資料，再將其異名和五行屬性述之如下：

　　　　貪狼、天樞、天蓬、太乙、水、木

　　　　巨門、天璇、天芮、攝提、金、土

　　　　祿存、天機、天沖、軒轅、土

　　　　文曲、天權、天輔、招搖、水

　　　　廉貞、玉衡、天禽、天府、火

　　　　武曲、開陽、天心、青龍、金

　　　　破軍、搖光、天柱、咸池、水、金

　　貪狼九星盤的應用之一是看山龍之脈。看龍脈決非易事，蓋龍脈綿亘，遠者百里千里，近者數十里、二三里，自起起祖發脈，

至到頭入骨，其間有太祖、少祖、穿帳、過峽、頓跌、束氣等處。看龍脈是風水中最難的事情，既有形、又有理、尺寸之違、失之千里，稍有疏忽，就把龍脈看錯了。

其次是點穴，將羅盤放在行龍過峽處，測定來龍之向。兩山相夾脈從中間過，稱爲過峽。峽者有如人之咽喉，過峽宜短小緊結，貴有兩護，最緊要爲到頭結穴一節之峽，羅盤即置於此峽上。

羅盤測定來龍，一般以輔弼、貪狼、巨門、武曲四星所轄之方位爲吉，以祿存、文曲、廉貞、破軍四星所轄之方位爲凶。看方位又需結合察看土色、穴情、此即相地，相地不能只相表面，需洞穿地下三尺，透視吉凶。

將九星及其五行屬性、所屬二十四山、以及穴之土色綜合如下表：

武曲、金、白 丁丑巳酉 4	祿存、土、黃 乾甲 9	巨門、土、黃 巽辛 2
文曲、水、黑 壬寅午戌 3		破軍、金、黑白 癸子辰申 7
廉貞、火、紅 庚卯未亥 8	輔弼、土、青黃 坤乙 1	貪狼、木、青 艮丙 6

一般土色紅黃光潤爲佳，乾枯黑色爲凶，土厚爲佳，堅硬無氣爲凶。

五、二十四天星盤

　　二十四天星源於南宋賴太素之《催官篇》。《四庫全書總目》：

　　《催官篇》二卷，宋賴文俊撰。文俊字太素，處州人，嘗官於建陽，好相地之術。棄職浪遊，自號布衣子，故世稱曰賴布衣。所著有紹興大地八鈐及三十六鈐，今俱未見。是書分龍、穴、砂、水四篇，各為之歌。龍以二十四山分陰陽，以震、庚、亥為三吉，以巽、辛、艮、丙、兌、丁為六秀，而著其變換受穴吉凶之應。穴仍以龍為主，而受氣有挨左挨右之異。砂水二篇亦以方位為斷。其說頗具懸解，如謂寅甲二龍出瘋跛者，木盛生風，又星應尾箕而好風，震為足，風淫末疾，故主瘋跛……其言雖頗涉於神怪，而於陰陽五行生剋制化，實能言之成理。……

　　此二十四天星盤，用於測定龍、穴、砂、水，先將二十四山與二十四天星及其異名對應如下表：

　　壬、天輔、陰權

　　子、天壘、陰光、太陰、月

　　癸、天漢、天漢、北道、瑤光、陰光

　　丑、天廚、牽牛、金牛、牛

　　艮、天市、陽樞、天樞、（三陽）

　　寅、天培、功曹

　　甲、天苑、天統、陰璣

　　卯、天命、天理、陽衡、廉貞、阿香、（三陽）

　　乙、天官、天堂、騎官

辰、天罡、天羅、地戶、元金、元

巽、太乙、陽璇、（三陽）

巳、天屏、赤蛇、青蛇、青砂

丙、太微、天貴、陰樞

午、天馬、陽權、天廣、炎精、太陽、遊魂

丁、天柱、南極、天極、陰闓、壽星

未、天恆、天常、太常、元陰、鬼金

坤、天鉞、天鏡、陰玄、玄戈、老陰、玄峰

申、天關、陰璣、傳送

庚、天橫、天潢、天漢、陰衡

酉、少微、陽閭、金雞

辛、天乙、陰璇、英才

戌、天魁、鼓盆、婁金

乾、天厩、北極、陽機、亢陽、節鉞、肅殺

亥、天皇、紫微、天門

　　一說二十四天星、相應二十八宿度。又天星映射「垣」，如天皇星映射紫微垣、天市星映射天市垣、太乙星映射太微垣、少微星映射少微垣，映此四垣為天星之最貴。垣為我國傳統天文學術語，指所劃定的星座範圍，其後乃專稱中宮的太微、紫微、天市為三垣。宋王應麟《小學紺珠一·天道》：「三垣：上垣太微十星，中垣紫微十五星，下垣天市二十二星。三垣四十七星。」漢甘公、石申《星經》卷上：「天柱五星、在紫微宮內、近東垣。」《晉書·天文志》：「紫宮垣十五星、其西蕃七、東蕃八、在北斗北。」《宋史·天文志十》：「四月，有星出天市垣……甲申，有星色赤，出太微垣，歷上相。」唐王希明《丹元子步天

歌》將星空分作三十一個大區，即「三垣、二十八宿」的區分方法，一直沿用到近代。

　　二十四山映射二十八宿。中國古代天文將恆星組合，每一組合稱爲一個星官。二十八宿即是二十八星官。從每宿中選定一星稱爲這個宿的距星，是宿的代表星，距星構成測量天體的參考系。二十八宿所含恆星數不一，如鬼金羊宿含五恆星，柳土獐宿含八恆星，牛金牛宿含六恆星，等等。二十八宿從角宿（角木蛟）開始自西向東排列，與日、月視運動方向一致。本宿距星和下宿距星之間的赤經差，稱爲本宿的赤道距度，簡稱距度。《唐開元占經》所列二十八宿距度如下表所示，其大小相差十分懸殊，最大的井宿（井木犴）爲33度，最小的觜宿（觜火猴）爲1度，各宿鉅度的總和爲365¼度。中國古六曆以365¼日爲一回歸年，故設太陽每天行1度，則一周正好行365¼度，取此數爲周天度數，這是中國天文學的一大特色。在羅盤上二十四山對應二十八宿，但二者不能一一對應，所以正南、正北、正東、正西四方位各對應兩宿。

	亥	璧水㺄		9	水
北	壬	室火豬		16	火
方	子（正北）	虛日鼠	危月燕	10；17	火；火
七	癸	女土蝠		12	土
宿	丑	牛金牛		8	金
	艮	斗木獬		26¼	木

	寅	箕水豹		11	水
東	甲	尾火虎		18	火
方	卯（正東）	房日兔	心月狐	5；5	火；火
七	乙	氐土貉		15	土
宿	辰	亢金龍		9	金
	巽	角木蛟		12	木
	巳	軫水蚓		17	水
南	丙	翼火蛇		18	火
方	午（正南）	星日馬	張月鹿	7；18	火；火
七	丁	柳土獐		15	土
宿	未	鬼金羊		4	金
	坤	井木犴		33	木
	申	參水猿		9	水
西	庚	觜火猴		1	火
方	酉（正西）	昴日雞	畢月烏	11；17	火；火
七	辛	胃土雉		14	土
宿	戌	婁金狗		12	金
	乾	奎木狼		16	木

　　筆者不厭其煩地寫出二十八宿及其距度和五行屬性，古人對二十八宿的命名給以動物形象的名字，名字中且賦以五行性，如水、火、土、金、木，日、月給以火。這是一種直覺的有序和秩序。〔英〕E.H.貢布里希在《秩序感》一書中說：「我們有一種

根深蒂固的傾向，即把秩序視爲具有建立秩序的能力的大腦的標誌，因此，每當我們發覺自然界裡存在著規律性，我們便會本能地感到驚訝。」確實筆者初接觸羅盤就感到一種驚訝，無論二十四山或九星或二十四天星或二十八宿或後面寫到的七十二龍，都體現爲一種規律或秩序，都是天體和地氣的映射。換言之，二十四山和二十四天星以及二十八宿的這種有序對應，是配合大自然之理氣。羅盤的機制是將天地人有機地聯繫在一起。

天地人系統的構架，源於中國固有的天人合一觀。錢穆先生最後的遺稿是《中國傳統思想文化對人類未來可有的貢獻》一文，時年先生已九十六歲高齡。文中說：

中國文化中，「天人合一」觀，雖是我早年已屢次講到，惟到最近始徹悟此觀念實是整個中國傳統文化思想之歸宿處。

又說：

中國文化過去最偉大的貢獻，在於對「天」「人」關係的研究。中國人喜歡把「天」與「人」配合著講。我曾說「天人合一」論，是中國文化對人類最大的貢獻。

從來世界人類最初碰到的困難問題，便是有關天的問題。我曾讀過幾本歐洲古人所講有關「天」的學術性的書，眞不知從何講起。西方人喜歡把「天」與「人」離開分別來講，換句話說，他們是離開了人來講天。這一觀念的發展，在今天，科學愈發達，愈易顯出它對人類生存的不良影響。

又說：

我常想，現代人如要想寫一部討論中國古代文化思想的書，莫如先寫一本中國古代人的天文觀，或寫一部中國古代人的天文學，或人文學。

　　先生所言，我們想到中國術數產的時代背景和中國文化中的
「天人合一」觀。具體到風水，則是風水和天文星象的一種聯係。
以此立論研究羅盤，原則上羅盤將氣、理、數、形協調起來，是
天道的具體應用；天體和地理的聯係，也是天道的具體應用，此
歸結爲「象」。也僅僅歸結爲象，雖談象數之學，實際離數還很
遠。方位是圓周的數、龍山向水的測定是數，這種數我們只能立
論於洛書數和五行生尅之數，以及奇偶陰陽之數，也僅此而已。
河圖洛書尙未突破，那麼風水中核心問題，即數的問題尙未解決，
筆者雖按傳統觀念寫風水，但總困惑於數。數的問題不解決，離
學問之道相去遠甚。

　　下面試釋宋賴太素風水觀念。

　　二十四天星應用之一是觀山龍行蹤，如云：

　　　「催官第一天皇龍、剝龍換入天市東」

　　　　天皇星對應亥屬紫微垣，

　　　　天市星對應艮屬天市垣，

　　由亥落艮，即祖山在亥，行龍至艮，過峽頓息。按後天八卦
納甲，亥在震宮、洛書數爲3，艮在艮宮、洛書數爲8，3、8爲朋，
合生成數，又爲淨陰（即亥、艮都爲陰，亥艮陰陽確定是按先天
八卦納甲）。則此龍由亥發脈，勢行有力，居紫微垣，此龍至尊。

　　又如云：「陰樞南極及天漢、行龍受穴俱榮吉。」

　　　　陰樞星對應丙爲8

　　　　南極星對應丁爲7

　　　　天漢星對應庚爲3

　　8、7、3 爲後天八卦甲洛書數。行龍走向或行龍與穴之朝向，
按此三者組合爲吉，因3、8爲朋；3、7合10；7、8合15。

　　以此推論，天星盤除以天星映射古天文學星空各區域的分劃（如天皇星在紫微垣為吉），又按洛書數組合，組合原則是1、6共宗；2、7同道；3、8為朋；4、9為友；再加以合5；合10；合15，均為吉數。這裡應用後天八卦納甲：

巽辛 （巽）　4	壬寅午戌 （離）　9	坤乙 （坤）　2
庚卯未亥 （震）　3		丁丑巳酉 （兌）　7
艮丙 （艮）　8	癸子申辰 （坎）　1	乾甲 （乾）　6

　　所謂納甲，假如我們不考慮它的本源意義，則先後天納甲，可理解為數的轉換。換言之，先後天八卦納甲是一種體用關係，表現形式卻是數，是數的轉置。

　　天星盤應用之二是評穴之法，如云：「天皇氣射天廄星、微挨西獸加壬行、天廄穴空號始為吉、耳受左氣官資榮。」

　　天皇星對應亥

　　天廄星對應乾

　　「天皇氣射天廄星」意為亥龍入首結乾為穴。「氣射」一詞相當於「場」，即亥龍形成的場，結穴以乾山巽向為佳。此按後天八卦納甲，巽為2、亥為8，2、8合10。但二十四山、15度為一山，這種分劃較粗，每山再三分之，則為七十二分劃（詳論見後

面要談到的穿山七十二龍）。乾山分爲三格，稍移動向左一格
（"微挨西獸加壬行"）爲吉，中間一格爲"大空亡"此即避開
大空亡（"天廠穴空始爲吉"）。乾爲奎木狼，是西方七宿之一，
此處"西獸"即指奎木狼，即指乾。乾爲木性（具體說是甲木性）
按乾木性長生訣爲順旋：

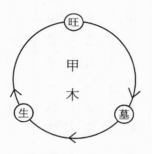

故乾之移動（指乾方位內連續性移動）左移爲旺，爲吉（「耳受
左氣官資榮」）。

　　方位二十四山分劃是離散值，七十二分劃也是離散值。二十
八宿的介入，二十四山賦於五行性，按五行十二狀態（一般稱爲
長生訣）左旋（順時針）或右旋（逆時針），使方位有連續變化
的定性研究。

　　五行十二狀態即是五行在十二個月中從生長、興旺、死亡、
庫藏、受胎的全過程。十天干排序有奇有偶，奇爲陽干、偶爲陰
干，十天干又賦以五行義。按十二地支代表的十二個月，則陽干
五行生長狀態順行，陰干五行生長狀態逆行。此可順可逆，即時
間可以倒流，這是中國術數中時間觀念的特殊性。

　　五行十二狀態列表如下：

	五陽干順行					五陰干逆行				
	甲木	丙火	戊土	庚金	壬水	乙木	丁火	己土	辛金	癸水
長生	亥	寅	寅	巳	申	午	酉	酉	子	卯
沐浴	子	卯	卯	午	酉	巳	申	申	亥	寅
冠帶	丑	辰	辰	未	戌	辰	未	未	戌	丑
臨官	寅	巳	巳	申	亥	卯	午	午	酉	子
帝旺	卯	午	午	酉	子	寅	巳	巳	申	亥
衰	辰	未	未	戌	丑	丑	辰	辰	未	戌
病	巳	申	申	亥	寅	子	卯	卯	午	酉
死	午	酉	酉	子	卯	亥	寅	寅	巳	申
墓	未	戌	戌	丑	辰	戌	丑	丑	辰	未
絕	申	亥	亥	寅	巳	酉	子	子	卯	午
胎	酉	子	子	卯	午	申	亥	亥	寅	巳
養	戌	丑	丑	辰	未	未	戌	戌	丑	辰

　　十二地支代表十二個月，寅爲正月、卯爲二月、辰爲三月……子爲十一月、丑爲十二月，是時間概念。在羅盤中十二地支是方位，是空間概念，五行的狀態在空間中去考察。這種時空統一觀，或時空轉化，是中國象數的一大特色。以甲木爲例，在空間的變化形成十二種狀態，圖示如下：

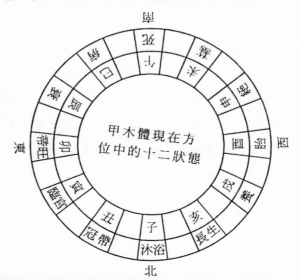

　　假如我們研究的僅是五行在方位中的變化趨勢，則不必寫出十二種狀態，掌握其生、旺、墓三種狀態即可。因為三種狀態即可確定勢的運行走向：左旋或右旋。二十八宿盤的二十八宿呈現一種五行性，已如上述。五行變化的勢的概念，使在測向中的方位線按勢的走向微調，而構成連續變化。勢的變化，按從生到旺到墓爲正走向。

　　構造勢圖如下：

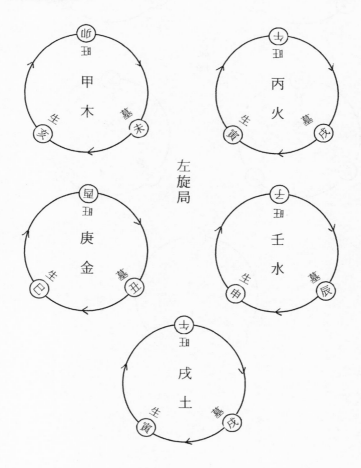

左旋局

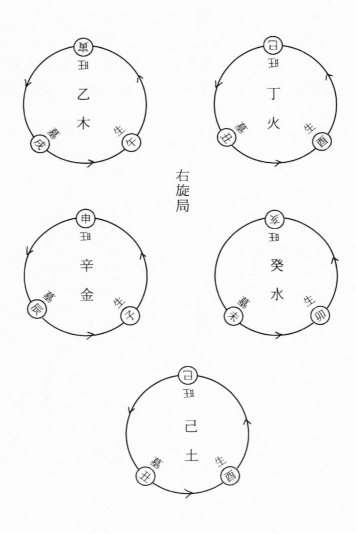

右旋局

再回到上例，宋賴太素《催官篇‧評穴》：「天皇氣射天廄星、微挨西獸加壬行、天廄穴空始爲吉、耳受左氣官資榮。」意譯爲：

> 亥龍入首，亥相應天皇星，天皇星對地理環境造成的氣場，以立穴之乾山巽向爲佳。乾爲奎木狼宿，五行屬甲木性，甲木性爲左旋局，即向左旋甲木旺，故乾山應是乾方位最左一格爲佳。

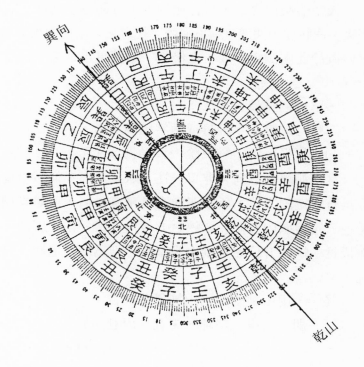

　　假如二十八宿恆星群確實對地理環境有影響，則五行是其性態標誌。左旋或右旋調整定位線，是相應其場效應，但是調整範圍有限，因爲定位線受二十四山控制，二十四山服從於洛書坐標。

　　筆者僅提出關於「勢」的思考問題的方法。這方法是命理學中五行十二種狀態和羅盤雙山五行相比較而提出的，包含時空轉化和勢的連續性概念。此方法與傳統風水學的判定有所同或有所詐，傳統風水學是建立在地盤方向穿天盤相比較而得出結論。

　　天星盤應用之三，是行龍過峽。行龍過峽前面已談到，兩山相夾，龍脈從中間過，稱爲過峽。換言之，兩山相夾處形成「場」羅盤置於此處測定「場」之優劣。這裡更申言之，測定分爲三種情況：

　　㈠單行過脈最貴。

　　㈡雙行過脈兩字純陰或兩字純陽次吉。

　　㈢雙行過脈兩字一爲陰一爲陽爲凶。

　　實際測峽之取向，非單一性。峽之走向不像城市街道馬路那樣具有確定的方位，所以測向不是精確數值，而是模糊數值、即是在一定範圍內取值。如峽之方位恰在某一山範圍內，爲單清過脈最貴。峽的方位如在兩山範圍內，稱爲雙行過脈，又分三種情況。

　　其一、兩山純陰或兩山純陽爲次吉。

　　　　即、酉庚、申坤、未丑、丙丑、辰乙

　　　　　－－　　＋＋　　－－　　－－　　＋＋

　　　　甲寅、艮丑、癸子、子壬、乾戌次吉。

　　　　＋＋　　－－　　＋＋　　＋＋　　＋＋

其二、兩山一陰一陽爲凶。

即、戌辛、庚申、坤未、丁午、午丙

　　＋－　　－＋　　＋－　　－＋　　＋－

巽辰、乙卯、卯甲、寅艮、丑癸、壬亥、亥乾爲凶。

－＋　＋－　　－＋　　－＋　　－＋　＋－　　－＋

其三、辛山、巽山只可單清過脈，雙清過脈爲凶。

單純考慮"數，不涉及其他因素，羅盤層層盤面，其測向分劃不等，二十四山爲二十四分劃；天紀盤爲六十分劃；地紀盤爲七十二分劃；易盤爲六十四分劃等等。分劃確定數值，但是這就忽視了彌漫性的、非定量化的世界。所以全面掌握風水測試，既有「非此即彼」的精確性，也有「亦此亦彼」的模糊性。雙清過脈，我們可以認作兩山之間的分界處，如行龍過峽恰在未山、丁山之界上爲次吉，而恰在卯山、甲山之界上爲凶，這是精確測定；也可認作兩山之間的某一區域，這是模糊測定。

實際這裡羅盤測定只用到二十四山洛書奇偶之配合（陰陽配合），而所以聯係天星盤，是相應天星之形狀論之，稱爲觀星峰，龍之眞跡藏於星峰之中，如結穴臨近之峽，以窄而短者最有力，低而細者最秀。峽者如人之咽喉，研究其形與向都是很緊要的，羅盤著重於向，故形之問題本書從略。

天星盤應用之四是察砂。砂是主龍四周的小山，或稱帳幕。察砂先看砂體，以其形狀判斷吉凶，以尖圓方正類及呈珍貴之物狀類爲吉；歪斜破碎類及呈凶殺之器狀者爲凶。砂形變化不定，有左觀方而右觀圓者；有高視爲正低視偏者；有正視醜側視美者。關鍵在點穴，咫尺之移，情態萬殊。穴前兩邊是侍砂，能遮惡風；抱擁者是衛砂，外御凹風、內增氣勢；繞包穴前的是迎砂；面前

特立的是朝砂。砂水相連、砂關水、水關砂、砂腳有流水、環繞流之、爲貴砂。

　　風水講究砂的宏觀布局，砂的排列要層層疊疊前後有序一律內傾，爲有情之砂，主吉主貴。風水的這些觀念，提出了自然景觀，心理因素，以及人與自然的協調關係等等。

　　羅盤測砂之向，有天星六秀、天星八貴說。亥映紫微垣、艮映天市垣、巽映太微垣、兑映少微垣、此四垣爲「天星四貴」；丙映天貴星、辛映天乙星、丁映南極星、丙辛丁合艮巽兑爲「天星六秀」；巳映天屛星、亥映天皇星、爲「帝都明堂」；巳亥艮巽兑丙辛丁合稱“天星八貴”。

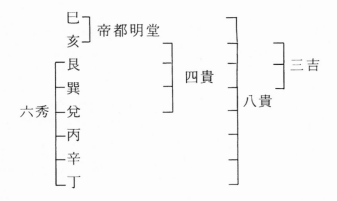

　　四垣中唯紫微、天市、太微三垣有帝座是爲三吉，立國建都必須合此三垣爲佳。

　　天星盤以及三吉八貴如下圖，內層爲地盤二十四山、外層爲

天星盤：

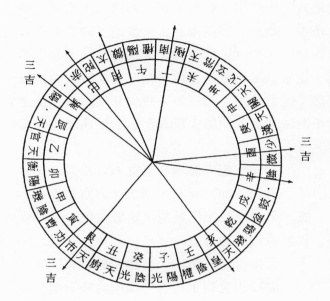

本節最後再引宋賴太素《催官篇‧評穴》。從亥穴到乙穴共二十四穴，其論述次序為：亥、艮、辛、巽、震、庚、丁、丙、兌、離、壬、坎、癸、坤、乾、戌、寅、甲、辰、申、巳、未、丑、乙。這裡僅錄「艮穴」全文。

　　催官第二穴宜癸、天市正氣左沖耳，穴挨西獸微加寅、畫錦榮華耀閭里。壬癸背北而南離、河洛理數無相違，四垣四獸各正位、五氣順逆相憑依。四垣四獸各正位，五氣順逆相憑依。

　　案，此為艮龍丁向之穴，即穴坐癸山朝向為丁（癸山丁向）。龍穴與天星相映，艮龍映天市星，穴向丁映南極星，天體與地理協調一致。二十四山之壬子癸三山在北洛書為一、丙午丁

三山在南洛書爲九、癸山丁向、一九合十，即合於河洛之數。癸山丁向之穴，少微垣（映酉）在其西南；太微垣（映丙）在其東南；天市垣（映艮）在其東北；紫微垣（映亥）在其西北，此四垣各得正位。「四獸」即地勢之「四勢」，謂左青龍、右白虎、前朱雀、後玄武。四獸得正位，指穴之前後左右山巒或水流處於風水優勢。此言癸山丁向以及一般坐北朝南爲建築之主要取向，首先合乎河洛理數及四垣天星關照，如果四獸也得正位，則爲風水寶地。

天市迢迢穴陰璣、氣從右耳母透迤，

天廚微加穴宜左、富貴文武官班麋。

案，天市映艮，即艮龍、陰璣映甲，「穴陰璣」意即甲山庚向，以此定穴富而且貴。

天市行龍太微向、氣鍾左腑官資旺

陰陽相見福永禎、二樞配合相隨唱

案，太微映丙，此爲艮龍丙向，又太微爲陰樞，艮爲陽樞，此爲陰陽相見。

陽樞穴左天官星、右腰乘氣多榮名，

若得陰璇山秀起、含書飫史稱明經。

案，陽樞映艮，陰璇（天乙、英才）映辛，艮龍辛向。天星之映、辛主文章、若山峰秀起故多明經之應。

陽樞行龍西向兌、右耳乘氣最爲貴

穴宜挨左加廚星、閥閱榮華定無艾

案，此爲艮龍酉向。丁丑巳酉都納兌，「西向兌」爲酉。「右耳乘氣最爲貴」即艮龍之氣由穴之右耳進入，如圖：

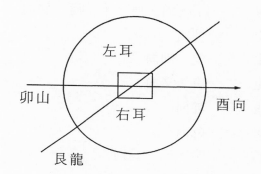

卯山三分之，即癸卯（左）、辛卯（中）、巳卯（右）。
卯山酉向，實際爲癸卯山巳酉向，此即「穴宜挨左」之義。癸卯
山爲吉山，辛卯山爲凶山，故卯山中又細分之。「閥閱」巨室之
別稱，「艾」久也，「定無艾」釋爲「迅速」。「閥閱榮華定無
艾」榮華富貴即速到來。

　　　　天市行龍向陽璇、氣沖左腦通玄微
　　　　渥潤肥家積金帛、但恐夭折虧天年

　　案，此爲艮龍（天市），乾山巽向（陽璇）。巽主文章，
學問之道，這裡用「渥潤肥家積金帛」存疑。巽木克艮土，故云
「夭折虧天年」，但這樣研究風水，未免附會。

　　作爲研究風水之參考資料，《催官篇》在傳統風水中影
響較大，今將二十四龍及相應穴之取向列表如下：

　　　　壬龍　　　午、坤、乙向
　　　　子龍　　　午、坤向
　　　　癸龍　　　午、坤向
　　　　丑龍　　　丙、丁向

艮龍	丁、丙、庚、辛、酉、巽向
寅龍	坤向
甲龍	乾、坤向
卯龍	庚、辛向
乙龍	坤向
辰龍	乾向
巽龍	辛、亥、艮向
巳龍	亥向
丙龍	亥、艮向
午龍	壬、癸向
丁龍	艮、亥向
未龍	艮向
坤龍	癸向
申龍	甲、癸向
庚龍	卯、艮向
酉龍	艮、巽、卯、丁向
辛龍	艮、卯、巽向
戌龍	甲、乙向
乾龍	甲向
亥龍	丙、巽、丁向

六、穿山七十二龍盤

　　穿山七十二龍盤，又稱地紀盤。　　地盤二十四山三分之，為七十二。乾坤巽艮四維及甲乙丙丁庚辛壬癸八干，共十二山，

每山有三龍，正中之龍賦以正字，共十二正，其他六十龍賦以六十干支，如圖示：

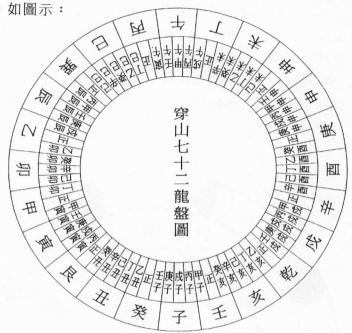

穿山七十二龍盤圖

　　穿山七十二龍，相應七十二候，又爲時空統一。以十二辟卦代表十二個月，每卦六爻，每爻立一候，共七十二。一候爲五日，七十二候共三百六十日。七十二候及六日七分法屬卦氣說，爲漢孟喜易學。卦氣說始於占卜，其預測方法源於對自然界的某種認識，後來發展到曆法和氣候等方面的應用，因而是可供現代科學研究的重要資料。

　　穿山七十二龍，相應七十二候，此七十二是一個特殊數，其內涵是十二卦七十二爻之變，七十二又爲天地陰陽五行之成數。七十二龍的構成又以八卦納甲爲基礎。八卦納甲是將八卦和天干相對應，且分陰分陽，陽卦乾、艮、坎、震，對應陽干甲壬、丙、

戊、庚，陰卦坤、兌、離、巽，對應陰干乙癸、丁、己、辛。其
又與五行五方相對應，甲乾乙坤相得合木，故甲乙在東（參看二
十四山盤）；丙艮丁兌相得合火，故丙丁在南；戊坎己離相得合
土，故戊己居中（二十四山不用戊己兩干，因居中不在周天）；
庚震辛巽相得合金，故庚辛在西；天壬地癸相得合水，故壬癸在
北。此納甲如配以月體的盈虧，即以八卦配月象，而構成"月體
納甲"圖：

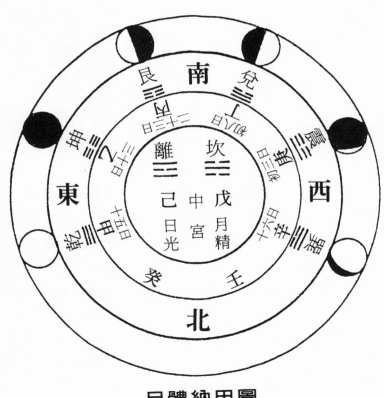

月體納甲圖

　　這是古人將八卦、五行、天象、地理方位相對應的一種綜合思考。《周易參同契》即是以此月體納甲說明人體煉丹一月之中用火變化程序。月體納甲與現代天文學對月亮的觀察基本一致。

　　以此納甲論十干吉凶，從而定出七十二龍吉凶。

　　　　乾☰　　三爻全陽
　　　　坤☷　　三爻全陰
　　　　離☲　　上下爻為陽
　　　　坎☵　　上下爻為陰

此四卦以卦氣論之為無生氣之卦，故定義：

　　乾納甲壬為陽為「孤」
　　坤納乙癸為陰為「虛」
　　坎納戊，離納己為「龜甲空亡」

　　　　震☳　　上爻陰、下爻陽
　　　　巽☴　　上爻陽、下爻陰
　　　　兌☱　　上爻陰、下爻陽
　　　　艮☶　　上爻陽、下爻陰

此四卦陰陽交媾，為有生氣之卦，故定義：

　　艮納丙、震納庚、丙庚為陽為「旺」
　　兌納丁、巽納辛、丁辛為陰為「相」

將十干給以標識符：

　　　　甲（孤）　●　　　乙（虛）　●
　　　　丙（旺）　○　　　丁（相）　○
　　　　戊（空亡）×　　　己（空亡）×
　　　　庚（旺）　○　　　辛（相）　○
　　　　壬（孤）　●　　　癸（虛）　●

六十干支賦以孤、虛、旺、相、龜甲空亡列表如下：

甲 ● 子	甲 ● 戌	甲 ● 申	甲 ● 午	甲 ● 辰	甲 ● 寅
乙 ● 丑	乙 ● 亥	乙 ● 酉	乙 ● 未	乙 ● 巳	乙 ● 卯
丙 ○ 寅	丙 ○ 子	丙 ○ 戌	丙 ○ 申	丙 ○ 午	丙 ○ 辰
丁 ○ 卯	丁 ○ 丑	丁 ○ 亥	丁 ○ 酉	丁 ○ 未	丁 ○ 巳
戊 × 辰	戊 × 寅	戊 × 子	戊 × 戌	戊 × 申	戊 × 午
己 × 巳	己 × 卯	己 × 丑	己 × 亥	己 × 酉	己 × 未
庚 ○ 午	庚 ○ 辰	庚 ○ 寅	庚 ○ 子	庚 ○ 戌	庚 ○ 申
辛 ○ 未	辛 ○ 巳	辛 ○ 卯	辛 ○ 丑	辛 ○ 亥	辛 ○ 酉
壬 ● 申	壬 ● 午	壬 ● 辰	壬 ● 寅	壬 ● 子	壬 ● 戌
癸 ● 酉	癸 ● 未	癸 ● 巳	癸 ● 卯	癸 ● 丑	癸 ● 亥

再以地支排序，且標出吉凶：

冷氣脈	正氣脈	敗氣脈	旺氣脈	退氣脈
甲子●大凶	丙子○半吉	戊子×大凶	庚子○大吉	壬子●次吉
乙丑●半吉	丁丑○大吉	己丑×大凶	辛丑○半吉	癸丑●大凶
丙寅○次吉	戊寅×大吉	庚寅○大凶	壬寅●吉	甲寅●凶
丁卯○半吉	己卯×半吉	辛卯○大凶	癸卯●半吉	乙卯○大凶
戊辰×半吉	庚辰○吉	壬辰●大凶	甲辰●大吉	丙辰○大凶
己巳×大凶	辛巳○大吉	癸巳●大凶	乙巳●半吉	丁巳○半吉
庚午○吉	壬午●大吉	甲午●大凶	丙午○大吉	戊午×大吉
辛未○大吉	癸未●半吉	乙未●大凶	丁未○大吉	己未×大凶
壬申●大吉	甲申●大吉	丙申○大凶	戊申×大吉	庚申○大凶
癸酉●吉	乙酉●吉	丁酉○凶	己酉×大吉	辛酉○半吉
甲戌●大凶	丙戌○半吉	戊戌×大凶	庚戌○大吉	壬戌●凶
乙亥●凶	丁亥○大吉	己亥×凶	辛亥○大吉	癸亥●吉
↑	↑	↑	↑	↑
冷氣脈	正氣脈	敗氣脈	旺氣脈	退氣脈

一般孤●、虛●、龜甲空亡×為凶，旺○、相○為吉。但又以「五氣」判定，以正氣脈，旺氣脈為吉，即以丙子為首的十二干支及以庚子為首的十二干支為吉；以敗氣脈為凶，即以戊子為首的十二干支為凶。二者判定相違者用框括出。以甲子為首的十二干支為冷氣脈，以壬子為首的十二干支為退氣脈，吉凶參半，二者判定相違者也用框括出。

以上討論，一以八卦納甲或月體納甲，以八卦爻之陰陽純體或陰陽交媾，以定六十干支（六十穿山龍）吉凶；一以"五氣論"定六十干支吉凶。如二者相違，多以「五氣論」定吉凶。查傳統風水資料的一些提法，凡坐度為丙子十二干支（正氣脈）或庚子十二干支（旺氣脈）者，其家平安富裕；而坐度為甲子十二干支，戊子十二干支，壬子十二干支者，百分之七十之家有破耗，敗財不吉利等事發生。

四維八干之十二「正」字，定義為「大空亡」一般以凶判。

穿山七十二龍用於審龍定向及坐穴定向，與二十四山之用相同，但方位分割較精較細。穿山七十二龍之用，見諸口訣，如「戊子甲午氣難當、陰差陽錯是空亡、忽聽師人真口訣、立宅安墳見損傷。」這裡指出戊子和甲午兩龍（見前表，為敗氣脈）為凶方位。「立宅」「安墳」說明風水之學龍山向水測定既適用於陰宅，也適用於陽宅。「穴」非地穴之穴，而是「穴位」之穴，「穴」指墳地，也指陽宅，泛指穴者，皆作如是觀。

七、龍法八曜煞盤

此盤指出卦氣最凶之煞，如子龍不立戌向辰向，艮龍不立寅

向，戌、辰、寅即謂之「煞」。其原理是根據六十四卦之八純卦
爻位之五行相剋，具體來說，是官鬼爻剋本卦。

　　　　　　——　戌土
　　　　　　——　申金
　乾屬金　　——　午火（官鬼）　　　午火剋乾金
　　　　　　——　辰土
　　　　　　——　寅木
　　　　　　——　子水

　　　　　　－－　子水
　　　　　　——　戌土（官鬼）
　坎屬水　　－－　申金　　　　　　　辰土戌土剋坎水
　　　　　　－－　午火
　　　　　　——　辰土（官鬼）
　　　　　　－－　寅木

　　　　　　——　寅木（官鬼）
　　　　　　－－　子水
　艮屬土　　－－　戌土　　　　　　　寅木剋艮土
　　　　　　——　申金
　　　　　　－－　午火
　　　　　　－－　辰土

```
            ＿＿戌土
            ＿＿申金（鬼官）
震屬木　＿＿午火　　　　　申金剋震木
            ＿＿辰土
            ＿＿寅木
            ＿＿子水


            ＿＿卯木
            ＿＿巳火
巽屬木　＿＿未土　　　　　酉金剋巽木
            ＿＿酉金（官鬼）
            ＿＿亥水
            ＿＿丑土


            ＿＿巳火
            ＿＿未土
離屬火　＿＿酉金　　　　　亥水剋離火
            ＿＿亥水（官鬼）
            ＿＿丑土
            ＿＿卯木


            ＿＿酉金
            ＿＿亥水
坤屬土　＿＿丑土　　　　　卯木剋坤土
            ＿＿卯木（官鬼）
            ＿＿巳火
            ＿＿未土
```

```
－－ 未土
──  酉金
```

兌屬金 ── 亥水　　　　　巳火剋兌金

```
－－ 丑土
──  卯木
──  巳火（官鬼）
```

　　後天八卦這裡賦以方位義、乾、艮、巽、坤為四維，子、午、卯、酉為四正，對應坎、離、震、兌四卦，見圖：

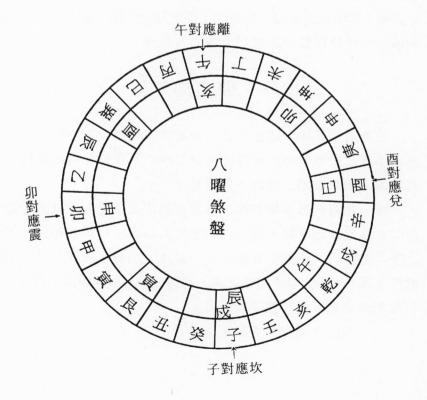

　　方位之間的相生相剋（煞）是中國術數的特殊觀念。爻之生剋本卦，源於爻辰說，爻辰本爲乾六爻、坤六爻、當十二律又當十二月，「辰」又爲日月所會之舍，書經孔傳云：「日月所會爲辰」，故爻辰可配日月十二次會。十二律實際包羅於天道，邵雍《皇極經世書》卷之八云：「聲音唱和，與萬物數通」，十二律之數是宇宙變化法則的某種體現；十二辰以日月運行和大地的關聯，映射爲空間方位；後天八卦是方位，是四正四維，八卦六爻賦以十二辰方位義，又賦以五行義。進一步探求，十二律構成直覺的古太極圖（詳論見拙著《周易旁通》）這是「場」的概念；卦爻相生相剋也是「場」的概念，前者基於陰陽，後者基於五行，風水理法是植根於中國哲學土壤的方位學。

八、砂法劫煞盤

　　劫煞用於砂法，即從穴之坐山論砂，只忌一方，如坐巽山，癸方（巽之劫煞）不宜有破碎歪斜之砂；不宜有惡石、巉巖，逢者甚凶。如果砂體正峰圓，則不忌。

　　按，此傳統風水劫煞觀，爲形法理法之合璧，即既論砂之所在向，又論砂之形狀，但以形爲主，向爲次。以景觀布局，方正之砂；吉物形狀之砂；秀麗之砂；臥龍、隱龍、騰龍之砂；鳳舞鸞翔之砂，則給人以大自然之美，當爲吉砂。而理法之劫煞取向，有若干向筆者存疑，茲不贅。

　　二十四山之劫煞列表如下：

正三十四山針	壬	子	癸	丑	艮	寅	甲	卯	乙	辰	巽	巳	丙	午	丁
劫　　煞	申	巳	巳	辰	丁	未	丙	丁	申	未	癸	酉	辛	酉	寅

未	坤	申	庚	酉	辛	戌	乾	亥
癸	乙	癸	午	寅	丑	丑	卯	乙

九、砂法五行論

　　前面已談到砂即主龍四周的小山，即帳幕。砂法有形法及理法，理法這裡僅談五行關聯，即理法五行論。但論砂需形法理法並重，先從形法談起。黃妙應《博山篇》論砂云：「水口之砂最關利害，交插緊密，龍神斯聚。走鼠順飛，眞龍必去。砂有三類，肥圓正爲富局，秀尖利爲貴局，斜臃腫爲賤局。砂砂有煞，汝知乎？有尖射的，破透頂的，探出頭的，身反向的，順水走的，高壓穴的，皆凶相也。又有相關的，破碎的，直強的，狹逼的，低陷的，斜亂的，粗大的，瘦弱的，短縮的，昂頭的，背面的，斷腰的，皆砂中禍也。」此爲以形狀論砂，形狀難看歸爲凶砂，實際從景觀考慮，亦如是觀。推之城市屋舍，則周圍環境有高聳之物，呈怪異之狀，也作凶砂論。

　　理法是以人盤中針二十四山賦以五行義，稱爲中針五行。以坐山所屬之五行爲我，而以周圍高砂爲他，定其吉凶。如坐壬山，巽方有砂，巽木生壬火，此砂稱生砂爲吉；巳方有砂，巳水克壬火，爲煞砂，爲凶。

　　以人盤二十四山五行屬性定義砂：

　　　　同我者爲旺砂

　　　生我者爲生砂

　　　我剋者爲奴砂

　　　剋我者爲煞砂

　　　我生者爲洩砂

　　旺砂、生砂、奴砂爲吉砂；煞砂、洩砂爲凶砂。按傳統風水，吉砂生丁旺財，凶砂損丁敗財，砂之趨避，非常重要。

　　中針五行及坐山與砂之關聯圖示如下：

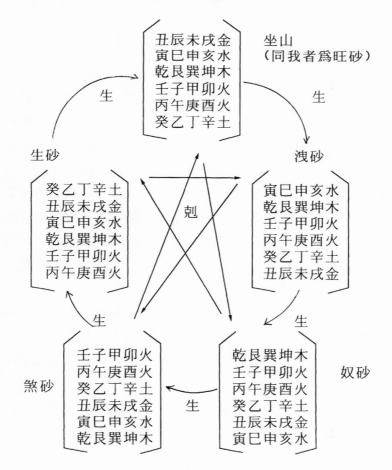

坐山
（同我者爲旺砂）

丑辰未戌金
寅巳申亥水
乾艮巽坤木
壬子甲卯火
丙午庚酉火
癸乙丁辛土

生砂

癸乙丁辛土
丑辰未戌金
寅巳申亥水
乾艮巽坤木
壬子甲卯火
丙午庚酉火

洩砂

寅巳申亥水
乾艮巽坤木
壬子甲卯火
丙午庚酉火
癸乙丁辛土
丑辰未戌金

煞砂

壬子甲卯火
丙午庚酉火
癸乙丁辛土
丑辰未戌金
寅巳申亥水
乾艮巽坤木

奴砂

乾艮巽坤木
壬子甲卯火
丙午庚酉火
癸乙丁辛土
丑辰未戌金
寅巳申亥水

生　生　剋　生

第四章　三合水法

一、雙山三合五行

從數學角度著眼，三合五行可表示爲置換或輪換動態形式，即：

　　（亥卯未）合甲木

　　（寅午戌）合丙火

　　（巳酉丑）合庚金

　　（申子辰）合壬水

設此爲順序，相鄰兩支相差120°，按輪換其中任意兩支對換則成逆序：

　　（卯亥未）合癸水

　　（午寅戌）合乙木

　　（酉巳丑）合丁火

　　（子申辰）合辛金

三合五行是動態概念，亥卯未合甲木，卯亥未卻合癸水，即三合五行與三支排序有關。

十二支又爲十二個月，五陽干和五陰干五行在十二個月中有不同狀態。如甲木，十月（亥）長生，十一月（子）沐浴，十二月（丑）冠帶，正月（寅）臨官，二月（卯）帝旺，等等。十二支又爲空間，如甲木帝旺在卯月，卯在方位上是90度－105度（天

盤縫針），所以帝旺是甲木的狀態，也可以說是甲木的“時空相”。

　　甲木生，旺、墓等十二狀態時序爲順序，空間序爲順旋（順時針）；乙木十二狀態時序爲逆序，空間序爲逆旋（反時針）。甲木長生在亥，死在午，乙木長生在午，死在亥。屬於陽木的甲木生，屬於陰木的乙木死，反之亦然，彼此互換。原理是陽之所生，陰之所死；陰之所生，陽之所死，這是一種對偶關係，表現在方位上即是順旋與逆旋之別。

　　十二支連同支前之干或卦，構成雙山，由支之三合五行，構成雙山三合五行，以此構造雙山五行之十二時空相盤，簡稱雙山五行盤：

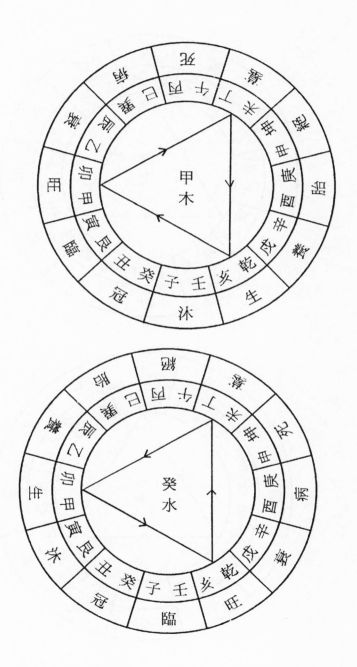

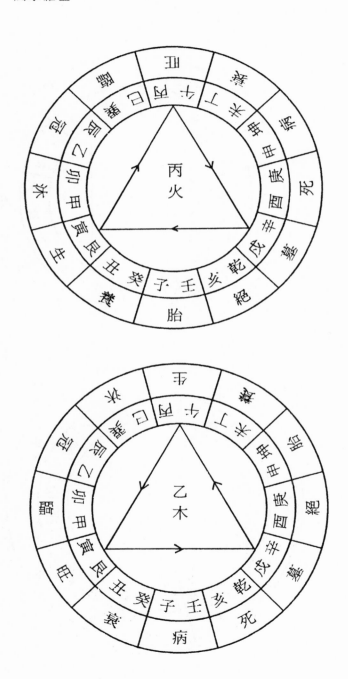

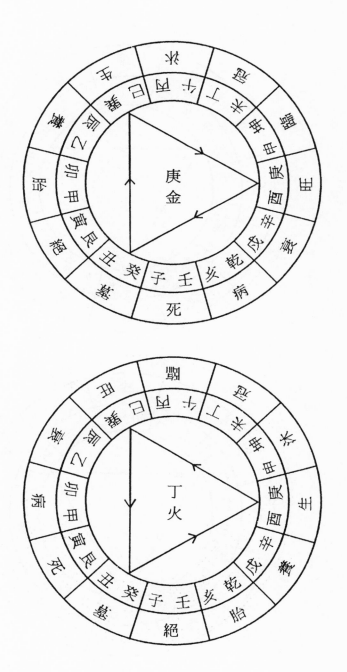

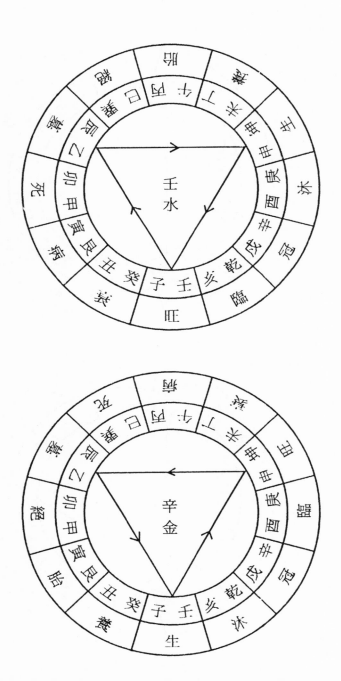

二、水　法

　　《管子・水地篇》：「地者萬物之本原，諸生之根菀也。美惡賢不肖愚俊之所生也。水者地之血氣，如筋脈之流通者也。」這裡提出水之筋脈說，實際地之體見爲靜，水之體見爲動，水之周流普遍，無從不達。地理之有水法，是在掌握地之元氣。「水浮天而載地，元氣之布濩，筋脈之流通」（趙一清《東潛文稿》卷上）水之爲物，雖行千里，實統於天。天理解爲自然法則。

　　按形法須審水路形局之所宜而立，但不得貪形局而失眞向。水法以雙山縫針爲主，水法爲地理禍福之樞紐，而水法之吉凶定於雙山五行之生、旺、墓。

立旺向或立衰向

　　《葬書》曰：「朱雀源於生氣」案：流經穴前之水稱爲朱雀。氣爲水母，有氣斯有水，換一種方式理解，有水斯有氣。「派於未盛，朝于大旺」案：積細流而成江河湖海，派爲水之分，即細流，朝爲水之合，即成江河湖海。水以載生氣，細流時生氣一線之微，細流合大流，生氣由微而旺。以此《葬書》水氣相關原理，水之來如爲坤申向，水之去如爲乙辰向，水從穴前過，則穴之朝向應立壬子。即壬水生於「長生」坤申，去於「墓」乙辰，穴立「旺」向壬子，如圖：

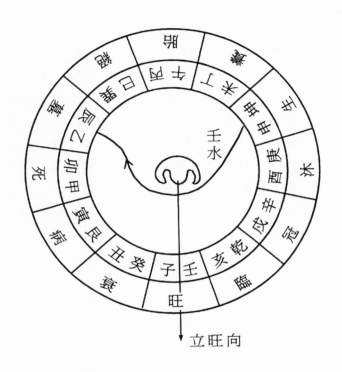

立旺向

　　又可立「衰」向《葬書》曰：「澤其相衰，流於囚謝」「澤」按「陂澤」釋，水之聚也，水聚蓄於淵，水勢已煞，此為"流於囚謝"，此之為衰。但從羅盤方位直覺論之，衰旺向相鄰，立衰向是立向的模糊數學觀念。現代自然科學學科，只有當它能夠使用數學語言進行描述時，才能算是一門成熟的學科。不僅現代自然科學，甚至人文，社會學科都日益迫切地要求數學化，定量化，然而這些學科中大多數概念都具有模糊性，精確數學的應用存在著很大困難，模糊數學提供了描述的語言和工具。中國傳統術數

內涵即是易象。三合五行是運算符號；也是象。象更具有模糊性。水之載氣，本身就不是精確矢量場，而是模糊矢量場，也是象場，模糊數學語言似爲天然工具。如三山五行立旺向爲15°區域；雙山五行立旺向爲30°區域；雙山五行立旺向或之衰向，是在60°區域內。

　　羅盤測定是理法，此理法建構於雙山三合五行（縫針），但需形法兼之，形法給模糊運算以限制。平原地區可以專論水；非平原地區，尤其山區、水、山、勢、形不可分。無論平原地區或非平原地區，水之流向、聚合、形、勢、有情、無情、羅盤測定之旺向、衰向，需綜合考慮。陽宅、陰宅雖有界說，但羅盤測定坐向，卻一般同用。

借　庫

　　前述穴之立向，是以三合五行理法立論。來源朝向爲水法之主宰，穴立旺、衰之向，自能收來水之生氣，而滿局皆吉；不立旺、衰之向，而立他向，全局凶煞。概括言之，其模式是：來水爲長生方位，去水爲墓方位，穴立向爲旺或爲衰，而旺、衰或雙山30°區域，或地支之單山15°區域。

　　這裡所談「借庫」是另一種模式，即來水爲長生方位，穴立旺向，收來水生氣，去水可爲衰向。多一種模式，多一種思考，在應用上更靈活些。

　　《五尺經》曰：「乙丙交而趨戌，辛壬會而聚辰，斗牛納丁庚之氣，金羊收癸甲之靈。」斗牛爲丑、金羊爲未，即八干納於丑、辰、未、戌，此之爲四庫，即：

丁庚納於丑庫

辛壬納於辰庫

癸甲納於未庫

乙丙納於戌庫

丑、辰、未、戌又是八干之墓（時空相）：

丁火（陰），庚金（陽）丑爲墓

辛金（陰），壬水（陽）辰爲墓

癸水（陰），甲木（陽）未爲墓

乙木（陰），丙火（陽）戌爲墓

　　庫、墓不是同一概念。這裡丑、辰、未、戌既是庫，也是墓，此之稱爲「正庫」。

　　另一種情況：

乙木（陰），壬水（陽）丑爲衰

丁火（陰），甲木（陽）辰爲衰

辛金（陰），丙火（陽）未爲衰

癸水（陰），庚金（陽）戌爲衰

　　這裡丑、辰、未、戌既是庫，但爲衰，此爲「借庫」。借庫模式是：來水長生，去水衰，穴立旺向。

　　例如乙木水來向丙午爲生，去向或爲墓（辛戌），爲正庫去水；或爲衰（癸丑），爲借庫去水，穴均立旺向（艮寅），收乙木水之生氣，爲吉，見下圖：

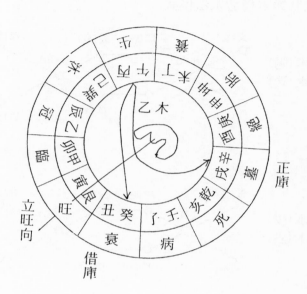

系統研究水法之三合五行模式，列狀態表：

三合五行 ＼ 狀態	生	沐	冠	臨	旺	衰	病	死	墓	絕	胎	養
甲　木	亥	子	丑	寅	卯	辰	巳	午	未	申	酉	戌
丙　火	寅	卯	辰	巳	午	未	申	酉	戌	亥	子	丑
庚　金	巳	午	未	申	酉	戌	亥	子	丑	寅	卯	辰
壬　水	申	酉	戌	亥	子	丑	寅	卯	辰	巳	午	未
乙　木	午	巳	辰	卯	寅	丑	子	亥	戌	酉	申	未
丁　火	酉	申	未	午	巳	辰	卯	寅	丑	子	亥	戌
辛　金	子	亥	戌	酉	申	未	午	巳	辰	卯	寅	丑
癸　水	卯	寅	丑	子	亥	戌	酉	申	未	午	巳	辰

以此狀態表構造水法模式

甲木(陽)
癸水(陰)

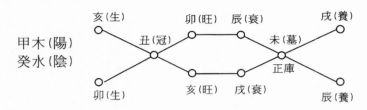

丙水(陽)
乙木(陰)

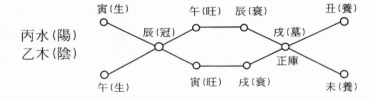

庚金(陽)
丁火(陰)

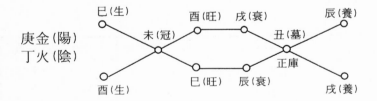

壬水(陽)
辛金(陰)

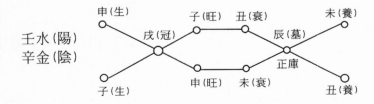

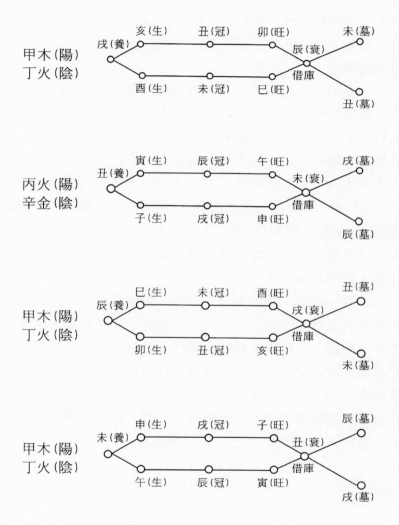

　　此水法模型圖，實際是「勢」圖，即研究「生氣」的變化趨勢，其作用相當數模，且是一種抽象的圖模。勢圖給出陰陽及五行的交錯關聯，圖中各點是三合五行的狀態，但十二支本身又含有五行氣。三合五行（這裡即八干之五行）和十二支五行相互作用構成氣場。

　　干支所含五行定量化，稱爲律數。如子含本氣27律，雜氣3律，本氣律數佔強勢，本氣爲本原之氣；但如未本氣爲20律，雜氣12律；戌本氣18律，雜氣12律；辰本氣13律，雜氣17律；丑本氣10律，雜氣18律，則本氣爲弱勢，不能形成強的場。在圖中此四支當正庫（墓）或借庫（衰）之位，適用於水之出口。

　　前四圖，丑、辰、未、戌爲冠，爲墓，此二點交會形成閉環，環內旺、衰點之場最強，所以穴立旺向或衰向。後四圖，丑、辰、未、戌爲養、爲衰，此二點交會形成閉環，但水從生方入，穴立旺向，得到最強氣場。

　　水流、水勢、水形本是大自然，無所謂性，堪輿賦於五行，於是才有五行義。構造五行模式，映射大自然實際，這即是堪輿五行系統觀念。這種系統的合理性，那就要看借助於它來概括感覺經驗所能達到的程度，以及實證性的程度。只有構成系統已經取得廣泛的一致意見（約定）的時候，才能認知這一系統的眞實性。筆者這樣談問題，只是歷史的回顧，因爲傳統風水水法的三合五行模式，千百年來已形成一種固定格局。

三、水　城

　　山有形局，稱爲「巒頭」，水有形局，稱爲「水城」。無論

彎頭或水城，千變萬化，大致水城有四：㈠橫水城，㈡斜水城，㈢順水城㈣逆水城

橫水城爲水龍橫經穴向：

斜水城爲水龍斜經穴向：

順水城爲水龍走向大致與穴向同：

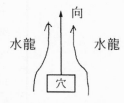

逆水城爲水龍走向大致與穴向相逆：

　　水城的作用在於使水龍之氣不蕩散，而養穴。水龍似抱城之
彎彎，圓轉如繞帶，盤桓而多情，為風水上乘，也是景觀上乘。
而水龍勢如沖射，或如交劍急流，難保持其氣，於穴不利。

　　水城配穴向（縫針），如下表：

水　城	穴　　向	來　　水	去　　水
橫水城	旺或衰	長　生	墓
斜水城	旺	長　生	衰（借庫）
順水城	衰	長　生	衰
逆水城	旺	旺	墓

　　水城又有黃泉煞之說，凡立旺向，忌水流出臨官位；凡立衰
向，忌水流出帝旺位。忌水流出之位，即稱為黃泉煞：

穴向	黃泉煞	
庚	坤	申
丁	坤	申
丙	巽	巳
乙	巽	巳
甲	艮	寅
癸	艮	寅

穴向	黃泉煞	
壬	乾	亥
辛	乾	亥
坤	庚	酉
巽	丙	午
艮	甲	卯
乾	壬	子

第五章　易經羅盤

一、易經羅盤盤面

　　易經羅盤簡稱易盤，分外盤和內盤兩層，這兩層分別是先天六十四卦方位圖之圓圖和方圖。圓圖直接構成外盤，方圖經變換構成內盤。

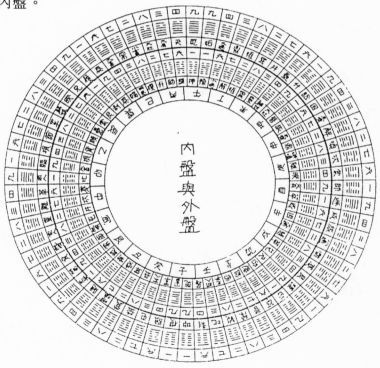

內盤與外盤

外盤與內盤洛書數之組合：

盤面外盤標出上卦洛書數（按先天八卦洛書），內盤標出下卦洛書數。此洛書數或稱爲"方位數"。

同方位，內外盤方位數對應合10即

外盤：9、4、3、8、2、7、6、1或1、6、7、2、8、3、4、9

內盤：1、6、7、2、8、3、4、9或9、4、3、8、2、7、6、1

外盤，內盤對稱方位數合10即

外盤 {

　　本　方　位9、4、3、8、2、7、6、1或1、6、7、2、8、3、4、9

　　對稱方位1、6、7、2、8、3、4、9或9、4、3、8、2、7、6、1

內盤 {

　　本　方　位1、6、7、2、8、3、4、9或9、4、3、8、2、7、6、1

　　對稱方位9、4、3、8、2、7、6、1或1、6、7、2、8、3、4、9

內外盤卦之關聯

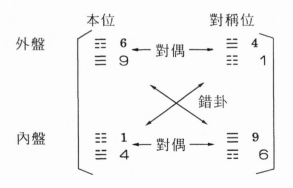

這裡陰爻，陽爻相對定義爲對偶。上下卦互換定義爲錯卦。

爲寫成一般結構，設本位卦上、下卦分別爲A、B則其對偶卦上、下卦分別爲$\overline{A}$、$\overline{B}$。且設A的洛書數爲a、$\overline{A}$爲$\overline{a}$，B爲b、$\overline{B}$爲$\overline{b}$。關聯圖爲：

$$
\begin{array}{c}
 & \textbf{本位} & \textbf{對稱位} \\
\text{外盤} & \begin{bmatrix} A \\ B \end{bmatrix} & \begin{bmatrix} \overline{A} \\ \overline{B} \end{bmatrix} \\
\text{內盤} & \begin{bmatrix} \overline{B} \\ \overline{A} \end{bmatrix} & \begin{bmatrix} B \\ A \end{bmatrix}
\end{array}
$$

且 $a + \overline{a} = 10 \quad b + \overline{b} = 10$

二、先天六十四卦方位圖

易盤即是先天六十四卦方位圖，已知上述。先天六十四卦方位圖由圓圖和方圖組成，整體結構，外圓爲陽，內方爲陰，圓圖象天不斷地運行爲動，方圖象地爲靜，一圓一方組成了天地，這是古人的一種宇宙圖象。

先談一下先天六十四卦方位圖是否宇宙的映象。從胡適先生的《淮南王書》談起，《淮南王書》是《中古思想史長編》中的第五章，但胡適先生自認爲這是最重要的一章，他曾專門抽出來於一九三一年由新月書店單獨出版。筆者著重是胡適先生關於道家的看法，道家學者把「道」看是「實有的存在」並先驗地規定了它的三大特性，㈠無往而不在；㈡萬物所以形成之因；㈢纖微至於無形，柔弱至於無爲，而無不爲無不成。胡適先生根據實驗主義思想哲學，認爲這個「道」是「無法證明的」，只是一個「假

設」。後人為認識這個「道」，或具體的體現這個「道」付出巨大的時間代價。人人自謂掌握了「道」，便無心去求知物物之理。這裡問題是道家的「道」是一種觀念，一種無象的框架，以此「根本解決問題」是甚麼也解決不了。而道家修持之功，卻是具體的，魏伯陽《周易參同契》以陰陽和卦爻象揭示人體能量流運行軌跡，是具體的。胡適先生所述是哲學史和思想史，或精神之學問，魏伯陽所述是研究人體之學問，某種意義講是人和宇宙的統一。

　　一般的「道」是無法證明的，因為其前提是先驗性的假設。而《周易》的基石或者說宇宙圖象是太極圖。太極圖是真實的確切反映宇宙生成變化，宇宙萬物「生態」的圖象。如同數學的公理系統，易經體系建立在太極公理之上。那麼忽視玄學，將阻礙我們對傳統文化的理解，有許多大學者不願涉足於玄學，也還是僅看到玄學的先驗性，而未能看到太極基石。

　　太極圖的內涵是甚麼？筆者以數學公理系統作喻，而遠非公理系統所可比擬。這就談到破譯問題。實際研究者對太極圖的破譯之時，即是太極圖消亡之日，因為所謂破譯，即是人為的限制。對太極圖的認識，像認識宇宙一樣，永遠說不完，也說不清楚。這樣談，是否將太極圖等同於道家的道，非也。太極圖是可以認知的，可以實證的，拙著《周易旁通》談到十二律呂與太極圖的關聯，即是一種認知。以下討論的問題是先天六十四卦和太極圖的關係，闡明易盤是建立在太極「公理」之上。

　　㈠明來知德以其太極圖映射先天六十四卦方位圖之圓圖，從而繪製六十四卦太極圖：

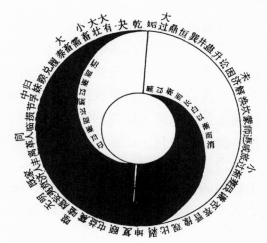

　　六十四卦圓圖映射太極圖的全部信息，圓圖分爲八個區域每區域也包含太極圖的全部信息。來氏六十四卦太極圖，說明太極圖與先天六十四卦陰陽之變的映射關係，但深層次的理解，按系統觀念，六十四卦是太極圖的子系統八個區域又是六十四卦的子系統。即太極圖是一個統一的整體，在這個統一整體中，各子系統與系統，系統與太極圖之間存在著全息關聯。假如將太極圖洛書化，則六十四卦八個區域九宮化，此九宮與洛書存在著全息關聯。

3	8	1	8	4	6	1	6	8
2	4	6	7	9	2	9	2	4
7	9	5	3	5	1	5	7	3
2	7	9	4	9	2	6	2	4
1	3	5	3	5	7	5	7	9
6	8	4	8	1	6	1	3	8
7	3	5	9	5	7	5	1	3
6	8	1	8	1	3	4	6	8
2	4	9	4	6	2	9	2	7

　　附帶談一下，假如將人體看作小太極，生命期限是此一小太極的子系統，此子系統可以理解爲八個區域的九宮圖，問題是如何取出此一信息。本書前面提到人的死亡期的計算，即是取出此一信息的一種方法，其眞實性，可靠性雖然還難以論證。再說明一點「來氏太極圖」是來氏將太極圖的演化；太極圖洛書化，是太極圖的數字化。無論是演化，或數字化關照太極圖都是體用關係。

　　這裡引進太極圖的映射，系統、全息、體用諸觀念，易盤正是以太極圖爲憑依，換言之易盤建立在太極圖基石之上。

　　㈡太極圖映射爲六十四卦，爲無序到有序或渾然一體到有序的轉化。

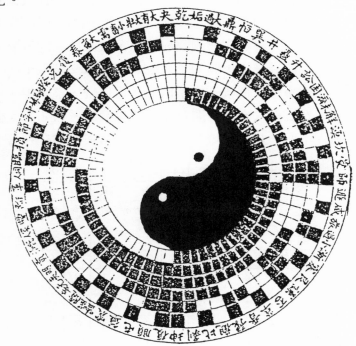

六十四卦排列可構成64！種圖象，但僅有一種圖象，即先天六十四卦方位圖之圓圖和太極圖可構成陰陽計量的一一對應，且爲連續值與離散值的轉化。

更深層次的理解是太極圖映射爲非計量的六十四卦的有序，此或稱爲「太極耗散結構」，先天六十四卦圓圖即是此太極耗散結構之一，且爲特殊的一種。

耗散結構理論是非平衡態熱力學和統計物理學中的一種學說。按照這種學說，一個遠離平衡態的開放系統，當某個參量的變化達到一定的閾值時，通過漲落，有可能發生突變，即由原來的無序狀態轉變爲一種在空間、時間或功能上的有序狀態。例如單細胞到人的生成發展是生命現象的從無序到有序。

筆者提出所謂「太極耗散結構」是指以太極圖爲中心及平衡點的耗散結構。易盤六十四卦和太極圖是有序和無序的相互更迭，太極的無序狀態轉化爲方位的有序狀態；也轉化爲功能即場的有序狀態。

㈢易以感爲體《周易、咸象》曰：「天地感而萬物化生」一切事物都因陰陽二氣交感而生成變化，這是極爲普遍的自然現象和自然規律。先天六十四卦方位圖是交感的一種圖示。爻和爻的交感；卦和卦的交感；卦自身的交感，讀此圖我們感覺到生生之氣。又曰：「咸、感也。柔上而剛下，二氣感應以相與。」陸德明釋文：「咸，本亦作感」按此「咸」音義同「感」。

$$\begin{matrix}\equiv\equiv\\\equiv\equiv\end{matrix}$$ 咸卦

陰卦在上，陽卦在下，陰陽二氣交感相應；上下卦相對應爻之陰陽交變，亦爲交感之應。《易》上經首乾坤，下經首咸恆，深意即在易以感爲體。

　　先天六十四卦方位圖，無論圓圖、方圖，剛柔上下，陰陽之往來，皆有其必然之位，而得乎交感之用。唐孔穎達曰：「柔上而剛下，二氣感應以相與者，此因上下二體釋咸亨之義也。艮剛而兌柔，若剛自在上柔自在下則不相交感，無由得通，今兌柔在上，而艮剛在下，是二氣感應以相授與，所以爲咸亨也。」（《周易正義》卷四）這裡雖釋咸卦，但指出柔剛之位以此理解易盤交感結構，圖示爲：

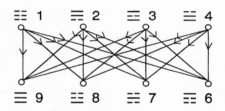

　　此爲有向圖，上四卦爲陰卦，下四卦爲陽卦，所標數字爲洛書數。其組合方式，上陰下陽或上柔下剛，計4×4＝16卦，以洛書數表示：

$$
\begin{array}{cccc}
1 & 1 & 1 & 1 \\
9 & 8 & 7 & 6
\end{array}
\qquad
\begin{array}{cccc}
2 & 2 & 2 & 2 \\
9 & 8 & 7 & 6
\end{array}
$$

$$
\begin{array}{cccc}
3 & 3 & 3 & 3 \\
9 & 8 & 7 & 6
\end{array}
\qquad
\begin{array}{cccc}
4 & 4 & 4 & 4 \\
9 & 8 & 7 & 6
\end{array}
$$

其中　　泰 ☷☰ $\frac{1}{9}$　　益 ☴☳ $\frac{2}{8}$　　未濟 ☲☵ $\frac{3}{7}$　　咸 ☱☶ $\frac{4}{6}$

四卦，上下卦洛書數合10，即上下卦交陰陽對偶。

　　中心對稱的兩卦，呈現陰陽爻對偶，即陰陽爻的相互轉化。

對偶也是一種交感。如先天六十四卦圓圖（即易盤）中心對稱的兩卦：

明夷 ䷣ 與 訟 ䷅

爲對偶卦。約定陰爻爲零，陽爻爲1，則其相加爲

$$
\begin{array}{c}
\text{䷣}\ {}^{0}_{0}\ {}^{0}_{0} \\
+ \\
\text{䷣}\ {}^{1}_{0}\ {}^{1}_{1}
\end{array}
\quad
\begin{array}{c}
\text{䷅}\ {}^{1}_{1}\ {}^{1}_{1} \\
\\
\text{䷅}\ {}^{0}_{0}\ {}^{1}_{0}
\end{array}
\quad = \quad
\begin{array}{c}
1 \\
1 \\
1 \\
1 \\
1 \\
1
\end{array}
$$

以此運算說明圓圖的對偶交感整體處於平衡狀態。

連續交感的太極圖，也是對偶圖形，太極圖中陰陽分界線所分劃的面積相等。此分界線稱爲太極曲線，是一種螺線，即在太極圓中作兩個內切相接的圓而成的圓弧線。太極曲線也是日、月、行星等天體周運軌道的水平投影，此僅說明一種現象，和太極曲線的實質性內涵無關。

和太極圖相關的原理很多，如量子力學哥本哈根學派核心人物玻爾，認爲太極圖與其倡導的互補原理一致。互補即對偶，這又說明太極圖所揭示的一種原理。易盤測向中的合十，是對偶，也是互補。

㈣邵雍《皇極經世》對圓圖的闡述：「陽在陰中，陽逆行；陰在陽中，陰逆行；陽在陽中，陰在陰中皆順行。此眞至之理，按圖可見矣。」此指出從復卦一陽初起，直到乾卦，陽爻愈來愈多（實際是含陽量計量）是陽的順行，陰爻愈來愈少，是陰的逆行。從姤卦到坤卦，陰爻愈來愈多，是陰的順行，陽爻愈來愈少，是陽的逆行。即一陽始於復卦，而終於乾卦，爲升；一陰始於姤

卦而終於坤卦，為降，符合太極圖陽升陰降原理。

　　以上略論易盤即是先天六十四卦方位圖，而此方位圖是建立在太極圖之上。

三、易盤的洛書矩陣

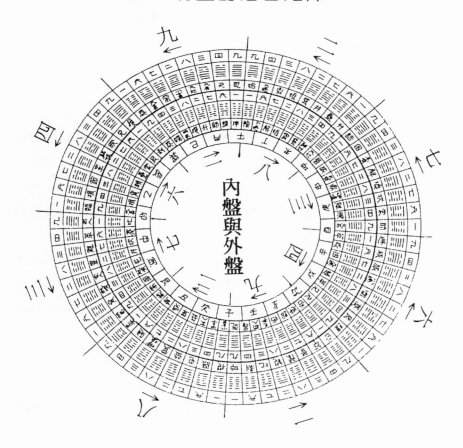

　　易盤表示爲洛書矢量，即將易盤外盤按洛書分爲八個區域，標以有序矢量

　　←　　←　　←　　←　　→　　→　　→　　→

　　9　　4　　3　　8　　2　　7　　6　　1

此即合於洛書結構；又合於太極圖及先天八卦 S 型走向。

　　內盤失量對應外盤矢量，即既合於洛書結構；又與外盤矢量形成合十之數；且爲太極圖及先天八卦 S 型走向。內外盤矢量正相反對，形成天地二氣交感狀態。

　　易盤的洛書矢量結構，非任意的，非人爲的而是嚴格的太極圖映射和洛書關聯。

太極規範化

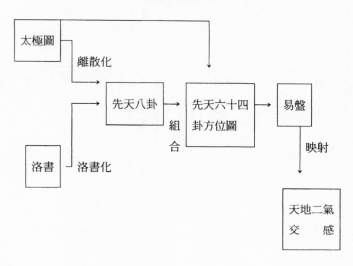

以此框圖，構造外盤洛書矩陣。設下卦矩陣爲：

```
│ 9 │
│ 4 │
│ 3 │
│ 8 │
│ 2 │
│ 7 │
│ 6 │
│ 1 │
```

上卦矩陣爲：

〔 9　4　3　8　2　7　6　1 〕

　　此即組成易盤的上、下卦洛書化。爲關聯太極曲線 S 型走向，即太極規範化，二矩陣乘法運算作適當變換，運算如下：

```
│ 9 │                                      │ 0 │
│ 4 │                                      │ 0 │
│ 3 │                                      │ 0 │
│ 8 │ 下乘〔1 6 7 2 8 3 4 9〕 +             │ 0 │ 下乘〔9 4 3 8 2 7 6 1〕
│ 0 │                                      │ 2 │
│ 0 │                                      │ 7 │
│ 0 │                                      │ 6 │
│ 0 │                                      │ 1 │
```

```
←
1 6 7 2 8 3 4 9
9 9 9 9 9 9 9 9
←
1 6 7 2 8 3 4 9
4 4 4 4 4 4 4 4
←                        +
1 6 7 2 8 3 4 9
3 3 3 3 3 3 3 3
←
1 6 7 2 8 3 4 9
8 8 8 8 8 8 8 8
        0
        0
        0
        0
```

```
        0
        0
        0
        0
                  →
9 4 3 8 2 7 6 1
2 2 2 2 2 2 2 2
                  →
9 4 3 8 2 7 6 1
7 7 7 7 7 7 7 7
                  →
9 4 3 8 2 7 6 1
6 6 6 6 6 6 6 6
                  →
9 4 3 8 2 7 6 1
1 1 1 1 1 1 1 1
```

```
=
        ←
1 6 7 2 8 3 4 9
9 9 9 9 9 9 9 9
        ←
1 6 7 2 8 3 4 9
4 4 4 4 4 4 4 4
        ←
1 6 7 2 8 3 4 9
3 3 3 3 3 3 3 3
        ←
1 6 7 2 8 3 4 9
8 8 8 8 8 8 8 8
        →
9 4 3 8 2 7 6 3
2 2 2 2 2 2 2 2
        →
9 4 3 8 2 7 6 1
7 7 7 7 7 7 7 7
        →
9 4 3 8 2 7 6 1
6 6 6 6 6 6 6 6
        →
9 4 3 8 2 7 6 3
1 1 1 1 1 1 1 1
```

易盤內盤洛書矩陣：

$$
\left.\begin{array}{l}1\\6\\7\\2\\0\\0\\0\\0\end{array}\right|\ \text{上乘}〔9\ 4\ 3\ 8\ 2\ 7\ 6\ 1〕+\left.\begin{array}{l}0\\0\\0\\0\\8\\3\\4\\9\end{array}\right|\ \text{上乘}〔1\ 6\ 7\ 2\ 8\ 3\ 4\ 9〕
$$

$$
=\ \begin{array}{l}
1\ 1\ 1\ 1\ 1\ 1\ 1\ 1\\
9\ 4\ 3\ 8\ 2\ 7\ 6\ 1\\[4pt]
6\ 6\ 6\ 6\ 6\ 6\ 6\ 6\\
9\ 4\ 3\ 8\ 2\ 7\ 6\ 1\\[4pt]
7\ 7\ 7\ 7\ 7\ 7\ 7\ 7\\
9\ 4\ 3\ 8\ 2\ 7\ 6\ 1\\[4pt]
2\ 2\ 2\ 2\ 2\ 2\ 2\ 2\\
9\ 4\ 3\ 8\ 2\ 7\ 6\ 1\\[4pt]
8\ 8\ 8\ 8\ 8\ 8\ 8\ 8\\
1\ 6\ 7\ 2\ 8\ 3\ 4\ 9\\[4pt]
3\ 3\ 3\ 3\ 3\ 3\ 3\ 3\\
1\ 6\ 7\ 2\ 8\ 3\ 4\ 9\\[4pt]
4\ 4\ 4\ 4\ 4\ 4\ 4\ 4\\
1\ 6\ 7\ 2\ 8\ 3\ 4\ 9\\[4pt]
9\ 9\ 9\ 9\ 9\ 9\ 9\ 9\\
1\ 6\ 7\ 2\ 8\ 3\ 4\ 9
\end{array}
$$

　　矩陣中行矢量以9、4、3、8、2、7、6、1為順序，以1、6、7、2、8、3、4、9為逆序，由洛書及太極圖 S 型走向所確定。

　　外層易盤為天，內層易盤為地。天地二矩陣相加，即行矢量相加，以第一行行矢量相加為例，其他七行以此類推：

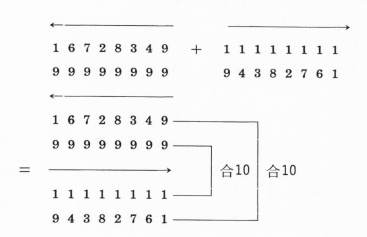

　　二矢量相逆；卦體上下卦相錯合十。象天地二氣對待，生成交感之場，此即易盤內外層結構深層次的內涵。實際應用，僅用外盤，內外盤為整體結構，外盤洛書數所示是內外盤整體，換言之，其所示是天地二氣所生成的場。

四、易盤的分類

　　由上述結構性論證，地理測向或用外盤，或用內盤，一般實際應用多用外盤，所以以下敘述均指外盤。易盤六十四卦分為八類，每類八個卦。類的分劃，以先天八卦立論，首先確定兩類：

自反類和對偶類。

　　上卦爲先天八卦順序，下卦仍爲先天八卦順序，此構成自反類，即：

☰ 9	☳ 4	☲ 3	☷ 8	☴ 2	☵ 7	☶ 6	☱ 1
☰	☳	☲	☷	☴	☵	☶	☱

　　自反類初爻變；二爻變；三爻變派生三類：

☰ 9	☳ 4	☲ 3	☷ 8	☴ 2	☵ 7	☶ 6	☱ 1

☰ 9	☳ 4	☲ 3	☷ 8	☴ 2	☵ 7	☶ 6	☱ 1

☰ 9	☳ 4	☲ 3	☷ 8	☴ 2	☵ 7	☶ 6	☱ 1

　　上卦爲先天八卦順序，下卦爲上卦的對偶，此構成對偶類，即：

☰ 9	☳ 4	☲ 3	☷ 8	☴ 2	☵ 7	☶ 6	☱ 1
☷	☶	☵	☰	☱	☲	☳	☴

對偶類初爻變；二爻變；三爻變派生三類：

☰ 9　☱ 4　☲ 3　☳ 8　☴ 2　☵ 7　☶ 6　☷ 1

☰。　☱。　☲。　☳。　☴。　☵。　☶。　☷。

☰ 9　☱ 4　☲ 3　☳ 8　☴ 2　☵ 7　☶ 6　☷ 1

☰。　☱。　☲。　☳。　☴。　☵。　☶。　☷。

☰ 9　☱ 4　☲ 3　☳ 8　☴ 2　☵ 7　☶ 6　☷ 1

☰。　☱。　☲。　☳。　☴。　☵。　☶。　☷。

　　以結構立論，自反類及其派生的三類，我們稱爲自反系統；對偶類及其派生的三類，我們稱爲對偶系統，易盤分爲兩大系統。傳統風水冠以星名及三元，列表如下：

系統	類	星名	三元	傳統系統
自	自反類	貪狼一	父	北卦
反	初爻變	左輔八	天元	江
系	二爻變	破軍七	人元	東
統	三爻變	武曲六	地元	卦
對	對偶類	右弼九	母	南卦
偶	初爻變	巨門二	天元	江
系	二爻變	祿存三	人元	西
統	三爻變	文曲四	地元	卦

　　將「類」標於易盤上，首先將八類按太極圖 S 型走向寫出分布矩陣：

貪	武	破	巨	輔	祿	文	弼
武	貪	巨	破	祿	輔	弼	文
破	巨	貪	武	文	弼	輔	祿
巨	破	武	貪	弼	文	祿	輔
輔	祿	文	弼	貪	武	破	巨
祿	輔	弼	文	武	貪	巨	破
文	弼	輔	祿	破	巨	貪	武
弼	文	祿	輔	巨	破	武	貪

　　第一行和第五行；第二行和第六行；第三行和第七行；第四行和第八行，類之排序彼此相逆。矩陣又等同於其轉置矩陣，則類的分布對稱於中心。這就構成地理測向在對稱於中心位置上為同一類。

　　繪制易盤，最外層為三元；第二層為九星數；第三層為類（以九星標之）；第四層為卦之洛書數；第五層為先天六十四卦卦名。以下兩層是內盤，最內一層是二十四山。

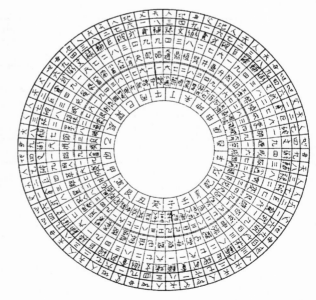

五、易盤用於龍山向水地理測向

　　假如將六十四卦理解爲集合的元素，那麼八類的分劃，是從概念內涵的解釋，進入到概念外延的解釋。概念的外延是概念所反映的事物的總和，它包含著概念所反映的一切事物。所以概念的外延是類或集合。「類」或「集合」概念比「數」概念具有更大的豐富性和多樣性。這是從整體（系統、類）和個體（元素）的關係上考察問題。

　　建立在太極圖上的易盤，是以「易以感爲體」構造交感的場，完成質的規定性的描述。但量的規定性的具體結構，仍是未知數，即易盤測向，還未找到嚴格的數學表達式。這裡筆者僅按合十對稱原理闡述歷史的，傳統的風水測向運算。

　　　先舉一例：龍──大畜
　　　　　　　山──臨
　　　　　　　向──遯
　　　　　　　水──萃

大畜、臨、遯、萃四卦都在「文曲」類內

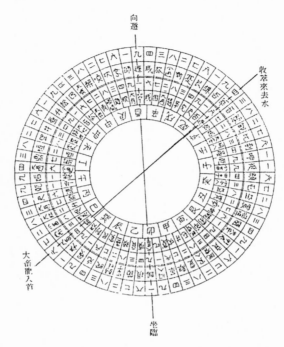

　　從太極圖到先天六十四卦方位圖，到易盤結構中包含著易理象數。但實際應用，遠遠未能發揮易理象數之學。多關聯易盤測向，是風水研究中重要課題。筆者這樣講，是想說明合十運算比較單一，決非易盤應用的全部，但傳統風水書所載，也僅如此。

　　上例可以以一概全。「龍」和「水」，「山」和「向」都為中心對稱，洛書數合十關聯，即構成兩條相交於中心的直線：龍水，山向。那麼，要考慮的問題，是龍水，山向兩直線相交方式；以及此兩直線是在同一類中，或各屬一類。這樣形成三種組合模式。

　　㈠純清之局，龍水，山向兩直線在同一類「龍」和「向」合五，或合十五。

合5或15

龍	山	向	水
1	6	4	9
2	7	3	8
3	8	2	7
4	9	1	6
6	1	9	4
7	2	8	3
8	3	7	2
9	4	6	1

每類八局，八類計六十四局。

㈡合十之局。此「合十」是指類的合十即兩直線，龍水在一類，山向在另一類，此兩類合十；同時也指龍，山合十，及向水合十。

龍水所在類	山向所在類
右弼 9	貪狼 1
左輔 8	巨門 2
破軍 7	祿存 3
武曲 6	文曲 4
文曲 4	武曲 6
祿存 3	破軍 7
巨門 2	左輔 8
貪狼 1	右弼 9

合10
合10

龍	水	山	向
1	9	9	1
2	8	8	2
3	7	7	3
4	6	6	4
6	4	4	6
7	3	3	7
8	2	2	8
9	1	1	9

　　共計六十四局。

　　合生成數之局。龍水、山向各在一類，此兩類合1、6；
2、7；3、8；4、9生成之數。

龍水所在類	山向所在類
武曲 6	貪狼 1
破軍 7	巨門 2
左輔 8	祿存 3
右弼 9	文曲 4
貪狼 1	武曲 6
巨門 2	破軍 7
祿存 3	左輔 8
文曲 4	右弼 9

	合10		合10
龍	水	山	向
4	6	9	1
3	7	8	2
2	8	7	3
1	9	6	4
9	1	4	6
8	2	3	7
7	3	2	8
6	4	1	9

合5或15

共計六十四局。

六、先天八卦對偶律的一則史話

讀風水著作，關於數的關聯，一般都提及一六共宗，二七同道，三八爲朋，四九爲友，五十同道，這是解釋河圖圖形；九一合十，六四合十，八二合十，七三合十或戴九履一，左三右七，二四爲肩，六八爲足，這是解釋洛書圖形。一切似解未解，似透未透 ，停留在事物的表面。這種著作讀的多了，司空見慣，不如不讀。研究《易經》應有新的開拓，研究《易經》離不開數，從司空見慣中解脫出來，才能有所突破。

筆者設想建立《易經》公理系統，基本有三條公理：太極圖、洛書和對偶律。這裡闡述此第三公理，即對偶律公理。

　　「對稱」關係在數學、物理學、生物學以及工程技術中都可找到廣泛的例證，如：

㈠生物體如人、牛、羊、鳥、魚，外形是對稱的。

㈡許多植物的枝葉是對生的。

㈢許多星體如雙星星座是對稱的。

㈣數學中，有圖象的對稱，函數的對稱，運算的對稱，算符的對稱。

　　「對偶」是廣義的「對稱」其含義也更爲廣泛。數學是實在世界的抽象，以數學舉例：

㈠在射影幾何中，「點」與「直線」是互爲對偶的。即在射影幾何學中，兩點決定一直線；兩直線決定一點，是兩個等價的命題。且凡是涉及到點，直線的有關定理，如果把其中點與直線互換，經過這樣的改造，仍然是一個定理。

㈡在平面幾何中、面積一定則周長最小者爲正三角形；三角形的周長一定，則面積最大者爲正三角形。面積和周長互爲對偶。

㈢在線性規劃中有「規劃」與「對偶規劃」的問題。

㈣群論中的對偶關係比比皆是。

　　在討論對偶具有一種普遍意義的基礎上，我們闡明先天八卦模式的對偶性，如圖，先天八卦建立在三條公理之上：

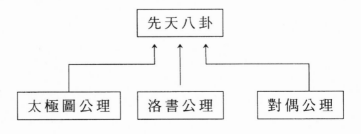

對偶公理或對偶律表示爲數的形式，陽爻「一」一劃數爲一，陰爻「一 一」兩劃，數爲二，以此闡述先天八卦對偶。

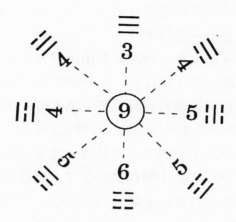

對稱兩卦劃數之和爲9，此數或稱爲先天八卦對偶示性數。先天八卦子系統即先天六十四卦圓圖，對偶示性數爲18。例如四隅卦復，臨，姤、遯，既是對偶卦，又處於陰陽轉化初生狀態。

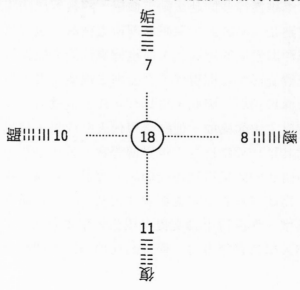

　　拋開具體的數，則對偶公理可敘述爲「對稱卦數值之和爲一常數」。取何數值，屬於構造性，卦之構造屬性是卦劃，映射於太陽系、星體速度是構造屬性之一。此公理是宇宙規律，先天八卦是此規律最完美的表述形式。

　　以下敘述一則史話。1981年美國海軍天文台宣布：「根據最新儀器發現太陽系第十顆行星。」1987年美國宇航局發言人又宣稱：「根據衛星所獲得的資料，第十顆大行星雖然距離九大行星很遠，但它的存在是勿庸置疑的。」類此的資料，是四十多年前，即1940年中國留法學子劉子華在其博士論文《八卦宇宙論與現代天文》中也預測出此第十顆行星的存在，且詳細算出這一行星的平均速度、密度，以及與太陽的平均距離，與47年後美國宇航局宣布的參數接近。

　　劉瀟瑛、王維明在《劉子華與八卦宇宙論》（《科與文化》1992年第5期）一文中說：劉子華生於1899年，原籍四川。早年與陳毅，李維漢等共同赴法勤工儉學，隨後留居法國鑽研現代科學。他曾熟讀《易經》，深感易理博大精深、包羅萬象，實爲萬有宇宙起源與發展的總模式，而根據現代天文知識所知的宇宙結構又皆呈螺旋形狀（即現代天文所稱之螺旋星雲）與《易經》的太極圖形極爲相似。因此，自1930年起，他就著手運用《易經》的易理探討宇宙的構成。他結合現代天文成果，積累了大量數據資料，尤其是1933年巴黎「世界博覽會」公布了冥王星的天文參數，使他研究的成果得到最佳印證。經過十年深入探討，他終於在1940年寫成《八卦宇宙論與現代天文——一顆新行星的預測》全書十萬字，作爲博士論文提交巴黎大學審查。

　　巴黎大學負責評審博士學位的馬伯樂院士開始對此神秘的中

國易學不屑一顧，並向院長建議不予通過。但是後來，他又仔細閱讀一遍，愈讀愈為論文中的新穎見解，嚴密邏輯和科學論斷所折服。於是他本著科學家實事求是的態度，毅然改變自己原來的觀點，建議重新召開評委會審查。1940年11月11日，劉子華當眾答辯通過了論文，並先後被授予巴黎大學博士學位和法國國家博士學位。法國的報紙，雜誌、電台爭先報道，立即引起西方天文學家們的驚奇，讚揚和推崇。他們對中國古老的傳統文化表示出無限欽佩。

劉子華《八卦宇宙論與現代天文》一書在1989年出版，英國著名科學家李約瑟博士看到此書後，曾熱情地給劉子華去信：「您關於一顆新行星的推斷（也許是太陽系中最邊沿的一顆）令人十分關注。它將是我們的圖書館中新增添的一本最有價值的書。我敢肯定在劍橋大學這是唯一的一本。」

劉瀟瑛、王維明文章中有該書的簡單紹介，並有簡圖及一些數據，筆者據此資料作一些說明。文中所載九大行星速度如下表：

母星速度	火星24	水星36	金星47	木星13
子星速度	冥王星3.6	海王星5.4	天王星7	新行星？
母子星速度比	$\frac{24}{3.6}=6.66$	$\frac{36}{5.4}=6.66$	$\frac{47}{7}=6.7$	？

土星速度為10，太陽速度為20，地球速度為30，月球為地球衛星，計算行星速度時，月球 附屬於地球。速度單位為公里／秒。

查閱《中國大百科全書、天文學》（1980年12月版）太陽系九大行星軌道運動平均速度（公里／秒）：

水星 47.89	金星 35.03	地球 29.79	火星 24.13
木星 13.06	土星 9.64：		
天王星 6.81	海王星 5.43	冥王星 4.74；	
太陽相對於其周圍的恆星所規定的本地靜止標準作			
19.7公里／秒的本動。			

　　二者相比較，前者為後者近似值，或者前者為某瞬時速度，後者為平均速度，筆者未能讀到劉子華原著，此為推論；水星和金星數值互錯，可看作定名不同；冥王星數據前者或為某瞬時速度，取值3.6，後者為平均速度，取值4.74。

　　根據現代天文學，太陽系中存在八個星體，即：日、月、金星、木星、火星、土星、水星、地球；又存在三個後期星體，即：天王星、海王星、冥王星，此即太陽系九大行星系。而《周易、說卦傳》指出：離為日、坎為月、坤為地。其餘五星，可按先天八卦推導出來。首先談卦之含陽計量，三爻卦初爻，二爻、三爻含陽，依次為2^2、2^1、2^0、數量級，即初爻為4，二爻為2，三爻為1，此附合8421二進制。但由易圖即卦之形成過程（太極生兩儀，兩儀生四象，四象生八卦）所決定，源於古理解於今。再者按先天八卦卦序之 S 型走向，前四卦乾、兌、離、震初爻為陽，數量級「陽2^2」定義為陽卦；後四卦巽、坎、艮、坤、初爻為陰，數量級為「陰2^2」定義為陰卦。五行中木、火為陽，土從火，亦為陽；金、水為陰。以此配卦，則乾對應土星，兌對應火星，震對應木星，巽對應水星（或金星），艮對應金星（或水星）。配合原則，是由五行分布方位所決定，此方位對應於先天八卦方位。

土星舊名塡星，天子之行，乾爲君，故乾對應土星。

以此繪制先天八卦與八星對應圖：

　　按先天八卦對偶律，水星、木星對偶；火星、金星對偶；月
爲地球衛星，即爲同一行星系，以此相應日和土星爲雙對偶，即
地球，月與日和土星對偶。以此繪制單對偶及雙對偶圖：

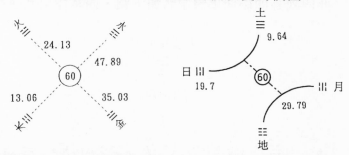

　　對偶律體現在兩對偶星體速度之和爲一常數，或近似爲一常
數，即：

$$24.13 + 35.03 = 59.16$$
$$13.06 + 47.89 = 60.95$$
$$(9.64 + 19.7) + 29.79 = 59.13$$

　　我們取常數值爲60，以此也可驗證前述對偶律公理。一般來說，理論值或理想值和實測值總有差距，原因是多方面的，這裡涉及到星體速度測試的具體問題，茲不贅。

　　其次談後期星體，即前述六十四四隅卦姤復、臨、遯所"象"星體。此六爻卦，全卦爲下卦之子卦，即：

姤　䷫　爲巽☴的子卦　　　（巽爲金星）

復　䷗　爲震☳的子卦　　　（震爲木星）

臨　䷒　爲兌☱的子卦　　　（兌爲火星）

遯　䷠　爲艮☶的子卦　　　（艮爲水星）

此四隅卦即後期星體定名如下圖，同時標出其速度及母星：

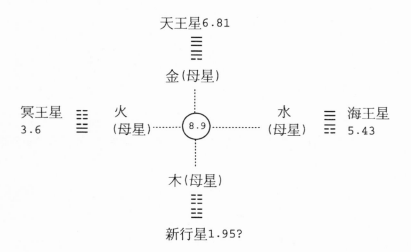

按對隅律對偶星速度之和為一常數：

$$6.81+1.95=8.76 \backsimeq 8.9$$

$$5.43+3.6=9.03 \backsimeq 8.9$$

又母星，子星速度之比為一常數：

$$\frac{24.13}{3.6}=6.7 \qquad \frac{35.03}{5.43}=6.45$$

$$\frac{47.89}{6.81}=7.03 \qquad \frac{13.06}{1.95}=6.7$$

取近似值6.7，即：

$$\frac{24.13}{3.6} \backsimeq \frac{35.03}{5.43} \backsimeq \frac{47.89}{6.81} \backsimeq \frac{13.06}{1.95} \backsimeq 6.7$$

劉子華正是以此預測出一顆新星的存在，否則太陽系不平衡、不完整。此新星為木星之子故劉子華將其定名為木王星。

再摘抄劉瀟瑛、王維明《劉子華與八卦宇宙論》一文中有關論述：

劉子華還發現太陽系中各星球的速度總和與密度總和有一個固定比值。他從陰、陽兩部星球密度和數之差中，計算出新行星的密度應為0.5（以水為單位），並運用多種方法加以證實。《易經》認為：大至宇宙為一太極，小至芥子亦為一太極。大物理學家愛丁登也說：「一個原子是代表我們太陽系的縮小。」因此，已知原子核半徑與原子半徑的比值為：

$$\frac{10^{-8}\,cm}{10^{-12}\,cm} = 10000$$

　　而目前若以冥王星軌道58億公里爲太陽系半徑，則太陽系半徑與太陽半徑的比值僅爲：

$$\frac{5800\ 000\ 000Km（太陽系半徑）}{690\ 000Km（太陽半徑）} = 8405.7$$

二者相比，相差甚遠。顯然，現在的冥王星並非太陽系中最邊遠之星。此外必定還有第十顆行星存在。現在再根據由土星到天王星、海王星、冥王星這四星間的距離，求得每相鄰兩星之間的平均距離約爲15億公里，並且以此作爲新行星（即木王星）距冥王星的距離。則太陽系之新半徑（亦即木王星與太陽的距離）約爲58＋15＝73億公里。再以此求太陽系半徑與太陽新半徑之比，則爲：

$$\frac{73000\ 000\ 000Km}{690\ 000Km} = 10579.6$$

這個比值與原子的比值，便極爲接近了。故知新行星與太陽的距離約爲73億公里，這是斷定太陽系中必有第十顆行星的又一證明。

　　由於劉子華對第十顆行星的預測論斷科學邏輯嚴密，因而獲得法國科學界權威的極高讚揚。巴黎大學主任教授兼論文審查主席愛米爾·卜勒野先生於1941年稱「我對劉子華先生非常尊重。

他以精密的計算，確鑿的考證，闡明了近代科學與中國古代單憑直覺而構成的科學之間有深奧奇妙的符合。他的試驗和論文是極為稀有寶貴的，值得世人注意。」

劉子華博士以他的獨創見解震驚了西方，為中國傳統文化爭得了榮譽。

劉子華對《易經》的研究工作，始於1930年，至今（1993年）已過了63年，似乎未有人突破，可與相比者，是明來知德。劉子華對一顆新行星的預測，在科學繁榮的西方給以高度評價，但其1945年回到祖國，被當時南京紫金山天文台斥為「偽科學」以至到1989年，他的博士學位不值一文。於1992年4月1日下午8時逝世，終其坎坷一生。

筆者概括劉子華對第十顆太陽系行星存在的預測，是應用了先天八卦所揭示的對偶性原理。如果說劉子華以具體天體實例闡明先天八卦是宇宙圖象，這就啟發人去追尋先天八卦體系建立的過程。如前所述筆者初步設想先天八卦是建立在三條公理之上，即：太極圖公理、洛書公理、對偶公理。嚴格說來，應稱為「准公理」以區別於現代數學的公理系統。且先天八卦的公理實際又是一種構造方法。這種建立公理的設想，是基於在更普遍意義上去認識先天八卦。

基於先天八卦，及先天六十四卦的易盤，是以太極圖、洛書，和對偶律計算一種地理方位的場。證明場的存在，以及計量場，應用場，較之預測宇宙星體更為困難。但這又是令人困惑又令人誘惑的研究課題。

七、易盤六爻分劃之應用

　　六十四卦將圓周64分劃，再細分則按每卦六爻，將圓周64×6＝384分劃。爻之排序走向由卦之類別而定。本章第四節談及卦之分類，即將六十四卦分爲八類，本節補充六十四卦分類表，即：

類	六　十　四　卦　類　集　合							
1	乾	兌	離	震	巽	坎	艮	坤
2	无妄	革	睽	大壯	觀	蹇	蒙	升
3	訟	大過	晉	小過	中孚	需	頤	明夷
4	遯	萃	鼎	解	家人	屯	大畜	臨
6	履	夬	噬	豐	渙	井	剝	謙
7	同人	隨	大有	歸妹	漸	比	蠱	師
8	姤	困	旅	豫	小畜	節	賁	復
9	否	咸	未濟	恆	益	既濟	損	泰

各類關聯：

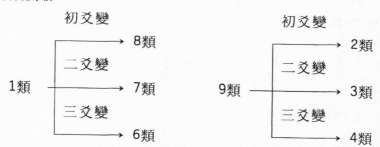

初爻變 → 8類
二爻變 → 7類
三爻變 → 6類
1類

初爻變 → 2類
二爻變 → 3類
三爻變 → 4類
9類

　　六十四卦分作8類，每類8卦，在易盤（外盤）上按類分佈如下圖：

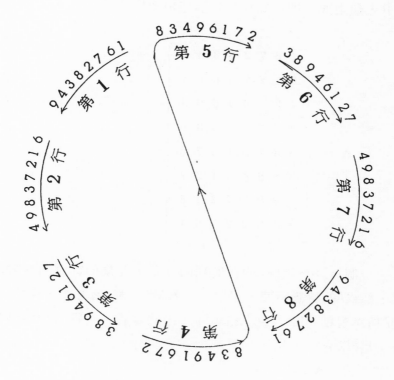

　　六十四卦以類標之。每卦六爻，爻序如下約定，凡1、3、7、9奇類爻序，爲自右而左：

上爻	五爻	四爻	三爻	二爻	初爻

凡2、4、6、8偶類爻序，爲自左而右：

初爻	二爻	三爻	四爻	五爻	上爻

　　如上之類的分布圖中，已標出行向量，依次爲 S 型走向。下面引入類矩陣，即以此行向量寫成矩陣形式：

$$A = \begin{bmatrix} 1 & 6 & 7 & 2 & 8 & 3 & 4 & 9 \\ 6 & 1 & 2 & 7 & 3 & 8 & 9 & 4 \\ 7 & 2 & 1 & 6 & 4 & 9 & 8 & 3 \\ 2 & 7 & 6 & 1 & 9 & 4 & 3 & 8 \\ 8 & 3 & 4 & 9 & 1 & 6 & 7 & 2 \\ 3 & 8 & 9 & 4 & 6 & 1 & 2 & 7 \\ 4 & 9 & 8 & 3 & 7 & 2 & 1 & 6 \\ 9 & 4 & 3 & 8 & 2 & 7 & 6 & 1 \end{bmatrix}$$

　　一個 m × m 矩陣A的行與列的元素，互換而得到的 n × m 矩陣，稱爲A的轉置矩陣，記爲A^T。若A是一個n階方陣，且$A^T = A$，則A稱爲對稱矩陣，或交錯矩陣。由此定義，這裡六十四卦類矩陣，是8階方陣，且

$$A^T = A$$

此式說明在易盤（外盤）上對稱於中心之兩卦屬於同一類。

A又可表示爲分塊矩陣：

$$
A = \begin{bmatrix}
1 & 6 & 7 & 2 & 8 & 3 & 4 & 9 \\
6 & 1 & 2 & 7 & 3 & 8 & 9 & 4 \\
7 & 2 & 1 & 6 & 4 & 9 & 8 & 3 \\
2 & 7 & 6 & 1 & 9 & 4 & 3 & 8 \\
8 & 3 & 4 & 9 & 1 & 6 & 7 & 2 \\
3 & 8 & 9 & 4 & 6 & 1 & 2 & 7 \\
4 & 9 & 8 & 3 & 7 & 2 & 1 & 6 \\
9 & 4 & 3 & 8 & 2 & 7 & 6 & 1
\end{bmatrix}
$$

即將8類分爲兩個集合：

$\{\,1 \, 、\, 6 \, 、\, 7 \, 、\, 2\,\}$　及　$\{\,8 \, 、\, 3 \, 、\, 4 \, 、\, 9\,\}$

或寫爲：

$$
A = \begin{bmatrix}
\{1、6、7、2\} & \{8、3、4、9\} \\
\{8、3、4、9\} & \{1、6、7、2\}
\end{bmatrix}
$$

此兩個類的集合，分布於易盤16個區域，且構成中心對稱。從類對稱到類集合對稱，是認識的深化。

其次談爻之應用，以大有卦爲例：

首先研究大有卦之爻變，約定四爻、五爻、上爻之爻變，爲上卦之初爻、二爻、三爻之爻變。即以上、下卦分別運算，列表如下：

上卦爻變

大有	初爻變	二爻變	三爻變
☲ 3	☳ 6	☰○ 9	☲○ 8
☰ 9	☰ 9	☰ 9	☰ 9

6＋9＝15 可用

下卦爻變

大有	初爻變	二爻變	三爻變
☲ 3	☲ 3	☲ 3	☲ 3
☰ 9	☴ 2	☵○ 3	☱○ 4

3＋2＝5 可用　　　　3＋4＝7不可用

可用爲上下卦合10，或合5，或合15或合生成數。其他爲不可用。此卦例指向爲大有卦三爻，即下卦之三爻變，3＋4＝7不可用。

實際應用，六十四卦在易盤已標出，爻變形成之卦，可以逐一換算。或以洛書數直接標出：

☰ 9	☰○ 2	☰○ 3	☰○ 4
☷ 4	☷○ 7	☷○ 8	☷○ 9
☳ 3	☳○ 6	☳○ 9	☳○ 8
☶ 8	☶○ 1	☶○ 4	☶○ 3
☵ 2	☵○ 9	☵○ 6	☵○ 7
☲ 7	☲○ 4	☲○ 1	☲○ 2
☴ 6	☴○ 3	☴○ 2	☴○ 1
☱ 1	☱○ 8	☱○ 7	☱○ 6

可簡化爲爻變矩陣：

$$\begin{bmatrix} 9 & 2 & 3 & 4 \\ 4 & 7 & 8 & 9 \\ 3 & 6 & 9 & 8 \\ 8 & 1 & 4 & 3 \\ 2 & 9 & 6 & 7 \\ 7 & 4 & 1 & 2 \\ 6 & 3 & 2 & 1 \\ 1 & 8 & 7 & 6 \end{bmatrix}$$

　　如恆卦爲 ☳☴ $\frac{8}{2}$ 設指向爲五爻，即上卦之二爻變。矩陣第4行，行向量爲8143，二爻變所得之卦爲

☳☷ $\frac{4}{2}$

4、2不合10、15、5又不合生成數，故爲不可用。

　　類數與取爻有內在的關聯，所以實際應用可按類取爻，如下表：

類	爻序走向	可　　用　　之　　爻
貪狼1	←	三、上
巨門2	→	初、二、四、五
祿存3	←	初、二、四、五
文曲4	→	三、上
武曲6	→	初二爻間線，四五爻間線
破軍7	←	初、四
左輔8	→	二、五
右弼9	←	三、上

　　武曲6類爲特例，說明如下。武曲6類包括履、豐、井、剝、夬、噬嗑、渙、謙八個卦以履爲例，其他類推：

下卦爻變

$$\begin{array}{cccccccc} \equiv & 9 & \equiv & 9 & \equiv & 9 & \equiv & 9 \\ \equiv & 4 & \equiv & 7 & \equiv & 8 & \equiv & 9 \end{array}$$

上卦爻變

$$\begin{array}{cccccccc} \equiv & 9 & \equiv & 2 & \equiv & 3 & \equiv & 4 \\ \equiv & 4 & \equiv & 4 & \equiv & 4 & \equiv & 4 \end{array}$$

　　以上不均可用，初二爻同時變，或四五爻（上卦之初二爻）同時變，則：

$$\begin{array}{cccccc} \equiv & 9 & \equiv & 9 & \equiv & 6 \\ \equiv & 4 & \equiv & 1 & \equiv & 4 \end{array}$$

　　1、9合10，6、4合10，可用。故取爲初二爻之間線，或四五爻之間線。

　　概括言之，由爻變而構成類；由爻變構成新的上下卦，其洛書數相應配合。此配數或爲合10，或爲合5，或爲合15，或爲合1、6；2、7；3、8；4、9生成數，凡合於此諸數者爲可用之爻。在同一類中，可用之爻爲定數，這即是一種爻變運算的內在規律性。以此體現方位的有序。傳統風水也正是從有序和規範化，構建風水理論大廈。筆者是從爻變的數學完美性和構造性理解問題。

第六章　陽宅風水

　　筆者對風水知之有限，對陽宅風水更是外行。此道行家輩出，派系林立，或有數十年之實踐而不著一字；或有大著蘊育，尚未問世。此非爲虛言，筆者結識一非以風水爲業者，正在整理資料，四年完成。這裡紹介傳統陽宅風水，局限於「大路貨」遊年法。此法見於《八宅明鏡》《金光斗臨經》《陽宅十書》等著述。如《陽宅十書》三卷十篇，卷一論宅外形；論福元。卷二論大遊年；論穿宮九星；論元空裝卦；論開門修造門。卷三論放水；論宅內形；論選擇；論符鎮。如論住宅的外環境：「人之居處宜以大地山河爲主，其來脈氣勢最大，關係人禍福最爲切要。若大形不善，總內形得法，終不全吉。」按此立論是確切的。山川地利、水土物產、氣候景觀綜合分析，從而產生了城市風水理論和實踐。而整個城市設計規劃是城市住宅的外環境，以北京爲例，北京是國都，是典型城市，其基址建立於大環境中，地大、山大、明堂大，水的彎曲大。《元史、巴圖魯》記載巴圖南語：「幽燕之地，龍蟠虎踞形勢雄偉，南控江淮，北連朔漠。且天子必居中以受四方朝覲，大王果欲經營天下，駐蹕之所，非燕不可。」忽必烈定都於燕。又《明實錄，太宗實錄》記載群臣上疏：「伏惟北京，聖上龍興之地，北枕居庸，西峙太行，東連山海，俯視中原，沃野千里，山川形勢，足以控制四夷，制天下，成帝王萬世之都也。」北京山川形勢，爲歷代先哲所重視，多從軍事，政治要津去思考，

而風水師卻多從風水角度思考。北京城內，前門、天安門、故宮、景山、鐘鼓樓，構築在中軸線上，形成一條「山」龍；而積水潭、後海、前海、北海、中海、南海，是一條水龍，按水之流向及形勢，南海是龍首，積水澤是龍尾。北京城內必須根據此山龍，水龍大形勢，構建住宅的穴位和坐向，更不能破壞此大形勢，如龍尾之積水潭，幾經滄桑，命途多舛。論福元，福元即福德宮，以曆法180年爲一大周期，第一甲子60年爲上元，第二甲子60 年爲中元，第三甲子60年爲下元。干支紀年，60年一循環，洛書共9宮，9與60最小公倍數爲180，故以180年爲一大周期而分上、中、下三元。某人生於何年對應洛書何宮，此宮即爲福德宮。以福德宮所在方位選擇住房。」

　　《金光斗臨經》其《序》云：「余向不信陰陽之說，而同硯葉朔生茂才嗜之甚篤，嘗爲余言，陽宅發福之厚薄，視乎地脈發福之早遲，關乎星運。然煙戶比櫛，豈能盡得脈之結穴，運之久旺，故形家以遊年定位，九星飛宮論其大概，後以抽爻換象擇吉修改，補其缺而發其祥。」這裡提出「遊年定位」「九星飛宮」「抽爻換象」即遊年法的基本模式。此書對福德宮的定義區別於上述：「宅之坐山爲福德宮人各有所宜，東四命居東四宅，西四命居西四宅，是爲得福元。」那麼我們約定：人之生年所對應宮，稱爲命宮；宅之坐山所對應宮，稱爲宅宮。東四命居東四宅，或西四命居西四宅，爲之命宮，宅宮相交，否則爲不相交。不相交則不得福。又云：「如東西之宅難改，當於大門改之。如大門難改，當權其房之吉以住之。房不可易，當易其床以就其吉。」這裡指出宅基、大門、住房、床依次在風水中的作用。

　　關於宅舍大門云：「大門宜安於本命之四吉方上。不可安於

本命之四凶方上。又須合來龍坐山之吉方，以開大門。又宜迎來
水之吉以立大門。三者俱全，則得福全而奕葉流光矣。屋有坐有
向，命有東有西，若專論山向而不論命者大凶，只論命而不論山
向者小凶，合命又合山向者永福。如乾山巽向，乃西四宅也，大
門宜在坤、兌、艮方，以配乾之西四坐山。而臥房、香火、後門、
店舖、倉庫亦宜安西四吉之位，以合坐山。若竈坐、坑廁、碓磨，
則宜安西四宅之四凶方，以壓其凶，而竈之火門又宜向西四吉方。
此宅惟乾坤艮兌西四宅命男女，居之則吉，若坎離震巽東四宅命
男女，居之則凶矣。”按：㈠首先以宅之坐山（宅宮）確定宅之
四吉方，四凶方。㈡以人的生年計算命宮。㈢東四命宮者居東四
宅；西四命宮者居西四宅。實際，此很難實行，於是　住宅不能
適宜於每一個人，對此凶而對彼吉，解決的辦法是分房而居，各
得所宜，如果房也難分，則僅考慮室內佈局。

　　傳統風水中的陽宅方法殊非一途。如上是以宅宮、命宮爲據；
而或有以氣場爲據；或有以宅宮、門向、外環境如龍的佈局爲據。
今分別略述之。風水是中國傳統神秘文化中，最難說得清楚的文
化，本書又非爲專著，故所述陽宅風水方法，以簡明易行爲旨。

一、門向氣場方法

　　風水術的基礎和支柱之一是宇宙分布著的“炁”《周易參同
契》是與炁打交道的巨著，風水家則拿著羅盤與炁周旋。他們的
身心眞切地體會到炁的存在，但不可能用嚴密的邏輯語言表達。
由炁形成地理的氣場，門向氣場方法，是以宅院門或屋門的山向
爲參考點，而形成八個方位的氣場分布。門的山向不同，氣場分

布不同，共有八種分布方式。
方位是以後天八卦對應，氣場
分布運算是後天八卦的爻變運
算，運算法則在本書第一章已
有論述，可參閱。

方位與後天八卦的對應如
下圖：

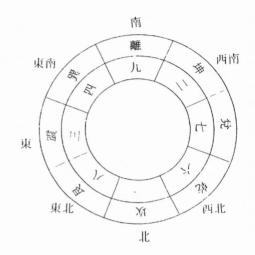

以宅院或住房中心爲中心，確定門所在方位，如門在東南，
則爲巽門。門所在方位稱爲「伏位」以下順時計旋轉氣場分布。

門所在方位	八個方位氣場分布
乾（西北）	伏六天五禍絕延生
坎（北）	伏五天生延絕禍六
艮（東北）	伏六絕禍生延天五
震（東）	伏延生禍絕五天六
巽（東南）	伏天五六禍生絕延
離（南）	伏六五絕延禍生天
坤（西南）	伏天延絕生禍六五
兌（西）	伏生禍延絕六五天

其中，伏爲伏位；生爲生氣；天爲天醫；延爲延年，爲四吉氣場。
六爲六煞；五爲五鬼；禍爲禍害，絕爲絕命，爲四凶氣場。

　　粗略分劃，按後天八卦分爲八門，每一種門決定宅院或住房
的氣場分布。每一門對應
八種氣場；四吉方、四凶
方。吉有大吉、小吉；凶
有大凶、小凶。如果僅以
兩氣場言之，則對坎門、
震門、巽門、離門爲吉氣
場，對坤門，兌門、乾門、
艮門爲凶氣氣場。反之亦
然。圖示如下：

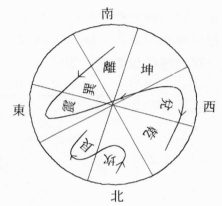

　　形成兩種矢量場，即：$\overrightarrow{離巽震}$，坎；$\overrightarrow{坤兌乾}$，艮。每種矢量
場是非連通的，按 S 型走向是太極圖式：

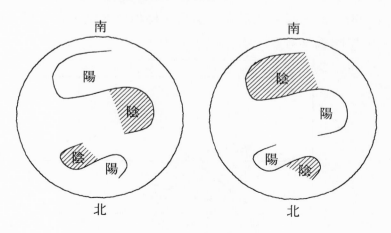

　　畫出陰陽不同的兩圖，每一圖由大太極和小太極圖構成。大太極之陽和小太極之陽不連通，大太極之陰和小太極之陰不連通，非連通域指此而言。又太極圖本身構成陰陽平衡，合乎一般場的概念。此兩圖，一圖是離、巽、震、坎門所形成氣場的太極陰陽分布；另一圖是坤、兌、乾、艮門所形成氣場的太極陰陽分布。這裡以陽氣場為吉，陰氣場為凶。

　　實際應用很簡單，如例：

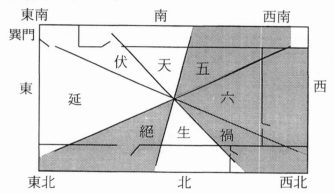

　　宅院中心為中心，將其分為八個區域，大門在東南為巽門（後天八卦排序）。巽為伏其他七區域順時計依次為：天、五、六、禍、生、絕、延。此為宅院氣場。假如位北屋，再以屋中心為中心，屋門為參考點，畫出屋內氣場：

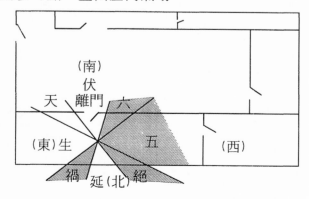

　　宅院大氣場和房間小氣場二者構成綜合氣場。大氣場、小氣場都壞，則應迴避；大氣場壞，小氣場吉，盡量迴避；大氣場吉，小氣場壞爲小吉；大氣場小氣場均吉，爲大吉。以上立論，宇宙充滿焉，構成居住環境的氣場，按後天八卦爻變運算，求出氣場分布圖，共八式。但此八式是否眞實反映了宇宙氣場和住宅氣場需得驗證和論證。一切學理需得建立在一種基礎之上，或建立在一種假說之上。這裡氣場服從兩個非連通的太極圖對偶性原理，這即是一種論證。氣場的定性分析是陰陽和強弱，傳統風水卻以吉凶論之。以陰陽論較爲確切，我們居住最佳條件應在陽盛之地，而陰盛之地條件次之。一室之內氣場分布不同，床、書棹等應放置氣場最佳處。一般居處書棹靠近窗，實際窗即是一氣口，此氣口也構成局部氣場分布本身爲「伏位」爲陽盛之地，其與宅院大氣場綜合考慮，按傳統風水觀念可以是大吉，也可以是小吉，但不爲凶。大小氣場分布於「伏位」一方有其特殊性。論風水不能看得太死，而要靈活掌握。

　　城市住宅主要是樓房，樓房作爲群體建築形體多種多樣，大氣場很難考慮，一般僅考慮單元房，單元房本身就是兩個非連通的小太極。如右例：

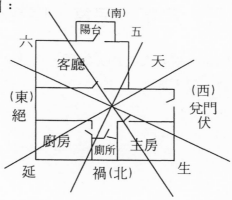

此圖按兌門推：「伏生禍延絕六五天」順時針旋。天醫地方缺一塊，生爲主房，禍爲廁所，延爲廚房。這裡強調門、主房、廚房，爲陽宅三要。

制圖中心點的確定，不必太精確，估值即可，但既是氣場立論，氣口是主要考慮對象。如往樓房、夏天陽台的門常開，進出的大門又隨手關上，單一按門計算氣場就不準確，需綜合計算。

不敢掠美，此樓房氣場分布圖摘自馮精志著《實用易經預測方法》一書，對吉凶的理解，摘錄如下：

吉凶怎樣理解？怎樣避開？應把臥室選在吉位，從凶到吉形成的結果比較快，由吉到凶時效比較慢。在單元樓房中，樓門是否決定這個單元的氣場，可以不考慮，可以不考慮，只考慮自己家門，如合住套房，那只考慮自家的門。

應注意的是，象五鬼和絕命的地方也有一部分人可住，原因是和人的五行有關，人是按五行分的，如果他的五行產生的場正好能抵制屋內凶陽，那麼住在凶處也關係不大。

這裡提出人的五行性與氣場的關聯，換言之，氣場本身即具有五行性，這是下面講的命宮與宅宮陽宅理論的基礎。

二、命宮、宅宮、陽宅理論

在中醫理論中講究人的八卦氣質，八卦氣質體現著五行與陰陽的有機結合，如下表：

人的八卦氣質	五行	陰　　　　陽
坎、兌質型	水型	陰盛
離質型	火型	陽盛
乾質型	金型	陰陽平衡偏陽
巽、震質型	木型	偏陽
坤、艮質型	土型	陰陽平衡偏陰

這是人的氣質對應八卦、五行、陰陽、風水中人的五行性與此略有區別。且根據生年計算命宮，是基於宇宙和生命的一種周期規律性及洛書分布原理，而其玄妙也在於此。本書第一章有計算命宮的公式（第一章稱命卦，這裡稱命宮）復述如下：

㈠以生年 A （公元紀年）減去64，再除以180，得餘數a，即

　　$A - 64 \equiv a \pmod{180}$

㈡a除以9得餘數b即

　　$a \equiv b \pmod 9$

㈢餘數b對應洛書數

餘數b	1	2	3	4	5	6	7	8	0
男性洛書數	9	8	7	6	2	4	3	2	1
女性洛書數	6	7	8	9	1	2	3	4	8

洛書數為有序排列，即男性為 9 8 7 6 5 4 3 2 1

　　　　　　　　　　女性為 6 7 8 9 1 2 3 4 5

（當5在中宮，男性移改2宮，女性移改8宮。）

㈣再以洛書數對應後天八卦，即求出命宮

南

4 巽	9 離	2 坤
3 震		7 兌
8 艮	1 坎	6 乾

東　（左）　　　　　　　西（右）

北

　　實際應用，求出餘數b，可直接對應命宮，省去第　步，但從原理考慮，餘數b對應洛書數不可少，這是洛書分布原理。180三元周期（干支紀年）9洛書周期及洛書是求命宮的依據。爲實際應用，餘數b對應命宮列表如下：

餘數b	1	2	3	4	5	6	7	8	0
男性命宮	離	艮	兌	乾	坤	巽	震	坤	坎
女性命宮	乾	兌	艮	離	坎	坤	震	巽	艮

　　更簡單求命宮的方法是查下面的出生年份（公元紀年）與命宮，方位、五行對應表。不過說明一下，中國傳統紀年方法是干支紀年，三元運算也是基於干支紀年，這就存在干支紀年和公元年的換算問題。如1993年1月23日爲正月初一，爲癸酉年的開始，1994年2　月9日爲十二月二十九，是癸酉年的終結，故

　　　　1993年1月23日―――1994年2月9日

按1993年查表。列表如下：

出生年份（公元紀年）	命宮·方位·五行（男）	命宮·方位·五行（女）
1909　1918　1927　1936　1945　1954　1963　1972　1981　1990　1999　2008　2017　2026　2035　2044	坎、北、水	艮、東北、土
1910　1919　1928　1937　1946　1955　1964　1973　1982　1991　2000　2009　2018　2027　2036　2045	離、南、火	乾、西北、金
1911　1920　1929　1938　1947　1956　1965　1974　1983　1992　2001　2010　2019　2028　2037　2046	艮、東北、土	兌、西、金
1912　1921　1930　1939　1948　1957　1966　1975　1984　1993　2002　2011　2020　2029　2038　2047	兌、西、金	艮、東北、土
1913　1922　1931　1940　1949　1958　1967　1976　1985　1994　2003　2012　2021　2030　2039　2048	乾、西北、金	離、南、火
1914　1923　1932　1941　1950　1959　1968　1977　1986　1995　2004　2013　2022　2031　2040　2049	坤、西南、土	坎、北、水
1915　1924　1933　1942　1951　1960　1969　1978　1987　1996　2005　2014　2023　2032　2041　2050	巽、東南、木	坤、西南、土
1916　1925　1934　1943　1952　1961　1970　1979　1988　1997　2006　2015　2024　2033　2042　2051	震、東、木	震、東、木
1917　1926　1935　1944　1953　1962　1971　1980　1989　1998　2007　2016　2025　2034　2043　2052	坤、西南、土	巽、東南、木

其次談宅宮，宅之坐山在何卦，此卦即為宅宮，宅宮為伏位，
其他方位依次定名：

二十四山（地盤正針）	宅　　宮	圖　　　　譜
戌　山　辰　向 乾　山　巽　向 亥　山　巳　向	乾　（西北）	朝向 禍 絕 延 生 五 天 坐山
壬　山　丙　向 子　山　午　向 癸　山　丁　向	坎　（　北　）	朝向 天 生 延 絕 禍 五 六 坐山
丑　山　未　向 艮　山　坤　向 寅　山　申　向	艮　（東北）	絕 禍 生 延 六 五 坐山 朝向
甲　山　庚　向 卯　山　酉　向 乙　山　辛　向	震　（　東　）	延 生 伏 禍 絕 五 坐山 天 朝向

辰　山　戌　向 巽　山　乾　向 巳　山　亥　向	巽（東南）	坐山 伏　天 延　六　五 年　禍 朝向
丙　山　壬　向 午　山　子　向 丁　山　癸　向	離（南）	坐山 天　伏　六 年　五 禍 朝向
未　山　丑　向 坤　山　艮　向 申　山　寅　向	坤（西南）	坐山 五　六　伏 禍　天 延 年 朝向
庚　山　甲　向 酉　山　卯　向 辛　山　乙　向	兌（西）	五　天 六　伏 朝向　絕　坐山 禍 延年

東四宅爲離、巽、震、坎，西四宅爲坤，兌、乾、艮。將宅宮圖綜合繪制：

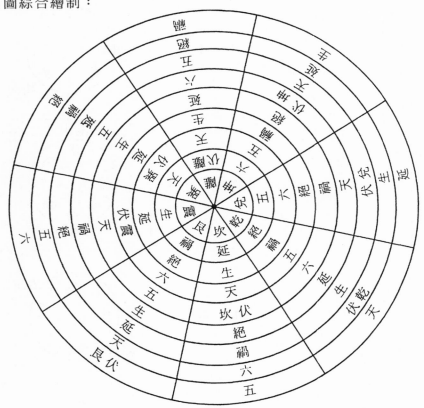

宅宮之卦，或稱「伏位」或稱「本卦」。由本卦進行變爻運算，推出九星，共有八種形式（本書第一章已述及）：

生氣、貪狼、木──上吉
延年、武曲、金──上吉
天醫、巨門、土──中吉
伏位、左輔、木──小吉

絕命、破軍、金──大凶

五鬼、廉貞、火──大凶

禍害、祿存、土──次凶

六煞、文曲、水──次凶

這種以八卦、九星等為依據的推理方式，表示了人，天地建築之間的錯綜關係。

以東四宅，西四宅分劃，則此圓圖轉變為宅宮集合圖：

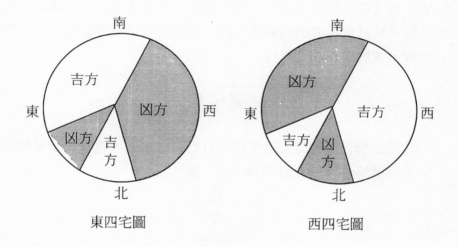

東四宅圖　　　　　　　　　西四宅圖

命宮為 { 離、巽、震、坎 } 應住東四宅，

命宮為 { 坤、兌、乾、艮 } 應住西四宅，

此為得福元。

命宮為 { 離、巽、震、坎 } 住西四宅，

命宮為 { 坤、兌、乾、艮 } 住東四宅，

為不得福元，即不能受福。居住條件所限，不得福元者，可移動床位，使在吉方位上，以補救之。

其次，談談門。門是內外空間分隔的標誌，中國人歷來重視各種門的處理，某種意義講　中國古典建築是門的藝術。而風水對門更是關注：「宅之吉凶全在大門，……宅之受氣於門，猶人之受氣於口也，故大門名曰氣口，而便門則名穿宮」。「地理作法……全藉門風路氣，以上接天氣，下收地氣，層層引進以定吉凶」。陽宅「三要」及「六事」將門置於首要地位。如大門爲合宅之主要入口，一般民宅多坐北朝南，即宅宮爲坎，此宅稱爲坎宅，其三吉方爲離（南），巽（東南），震（東），門應位於此三方，又以東南巽門爲最佳，俗稱青龍門。對照傳統民居的大門位置，多與此說相合。

三、陽宅飛白法

陽宅飛白法基於五行生剋。五行體現在後天八卦和洛書模式中，這就將五行賦以方位義。如下圖：

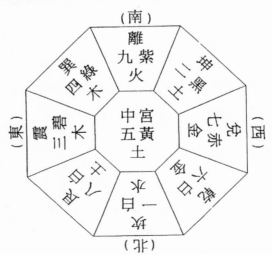

　　按圖以中宮為主，如乾宅，係六白飛入中宮，即6→5，意即六白飛入中宮置換五黃，依次為7→6；8→7；9→8；1→9；2→1；3→2；4→3；5→4。作此置換後，中宮為乾金，以乾金論生剋。一般意義：

　　外宮生中宮者為生氣；

　　中宮生外宮者為退氣；

　　外宮剋中宮者為殺氣；

　　中宮剋外宮者為死氣；

　　外宮與中宮五行相同為旺方；

　　五黃為凶方。

以此繪制八宅飛白圖：

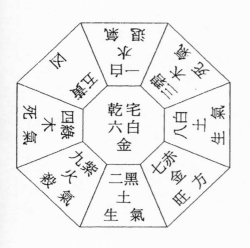

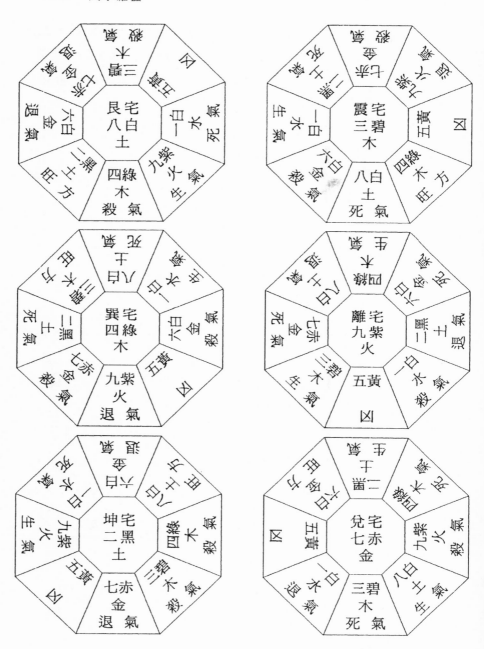

宅 艮八土
- 一白 水氣 旺方
- 三碧 木氣 凶
- 九紫 火氣 生氣
- 四綠 木氣 殺氣
- 二黑 土方 旺方
- 六白 金氣 退氣
- 七赤 金氣 死氣
- 五黃 土氣 凶

宅 震三木
- 一白 水氣 生氣
- 五黃 土方 凶
- 四綠 木方 旺方
- 八白 土氣 死氣
- 六白 金氣 殺氣
- 七赤 火氣 退氣
- 二黑 土氣 死氣
- 九紫 火氣 凶

宅 巽四木
- 八白 水氣 生氣
- 三碧 木方 死氣
- 六白 金氣 殺氣
- 九紫 火氣 退氣
- 七赤 金氣 殺氣
- 五黃 土氣 凶
- 二黑 土方 死氣
- 一白 水氣 生氣

宅 離九火
- 四綠 木氣 殺氣
- 八白 土方 死氣
- 一白 火氣 生氣
- 五黃 土氣 凶
- 三碧 木氣 生氣
- 二黑 土氣 退氣
- 七赤 金氣 死氣
- 六白 金氣 殺氣

宅 坤二土
- 九紫 火氣 生氣
- 五黃 土方 凶
- 八白 火方 死氣
- 七赤 金氣 退氣
- 一白 水氣 殺氣
- 四綠 木方 殺氣
- 三碧 木氣 殺氣
- 六白 金氣 凶

宅 兌七金
- 九紫 火氣 殺氣
- 二黑 土方 凶
- 一白 水氣 退氣
- 三碧 木氣 死氣
- 八白 土氣 生氣
- 五黃 土氣 凶
- 四綠 木氣 殺氣
- 六白 金方 旺方

　　首先談談運算原理及依據。飛白法實際是奇門遁甲的定宮。如年盤的定宮，就是把局數進入中宮，陰八局年，就是把八白進入中宮（五黃）九紫進入六白，一白進入七赤等等。所區別者，奇門遁甲是時間軸和方位的關聯；而風水飛白法是方位和方位的關聯，即宅之坐山和其他七個方位的關聯。二者都基於洛書。

　　洛書出現的上限年代，估計很早。根據近代漢墓出土的太乙九宮占盤，其下限年代在漢代。在《乾鑿度》中對洛書有明確的記載，鄭玄注洛書爲：

巽 四	離 九	坤 二
震 三	中 五	兌 七
艮 八	坎 一	乾 六

　　洛書以北極星（太乙）爲准，合八卦、天文、曆法爲一體。洛書的後天八卦布局爲八卦方位說，亦即八卦氣說，源於京房易。而《易緯》太乙九宮路線，對《周易》占測學有很大影響，是奇門遁甲的淵藪，是占測學中重要文獻。

　　洛書是靜態圖型，鄭玄注曰：「易一陰一陽合爲十五之謂道……故太乙取其數以行九宮，四正四維，合於十五。」飛白或定宮是動態圖形，計算如下：

④	⑨	②	=15(15)
5	1	3	=15−6(9)
6	2	4	=15−6+3(12)
7	3	5	=15−6+3+3(15)
8	4	6	=15−6+3+3+3(18)
9	5	7	=15−6+3+3+3+3(21)
1	6	8	=15−6+3+3+3+3−6(15)
2	7	9	=15−6+3+3+3+3−6+3(18)
3	8	1	=15−6+3+3+3+3−6+3−6(12)

③	⑤	⑦	=15(15)
4	6	8	=15+3(18)
5	7	9	=15+3+3(21)
6	8	1	=15+3+3−6(15)
7	9	2	=15+3+3−6+3(18)
8	1	3	=15+3+3−6+3−6(12)
9	2	4	=15+3+3−6+3−6+3(15)
1	3	5	=15+3+3−6+3−6+3−6(9)
2	4	6	=15+3+3−6+3−6+3−6+3(12)

⑧	①	⑥	=15(15)
9	2	7	=15+3(18)
1	3	8	=15+3−6(12)
2	4	9	=15+3−6+3(15)
3	5	1	=15+3−6+3−6(9)
4	6	2	=15+3−6+3−6+3(12)
5	7	3	=15+3−6+3−6+3+3(15)
6	8	4	=15+3−6+3−6+3+3+3(18)
7	9	5	=15+3−6+3−6+3+3+3+3(21)

以上是定宮行矢量計算，下面計算定宮列矢量：

1	9	5	$=15+3+3-6-6+3+3+3-6(12)$
9	5	4	$=15+3+3-6-6+3+3+3(18)$
8	4	3	$=15+3+3-6-6+3+3(15)$
7	3	2	$=15+3+3-6-6+3(12)$
6	2	1	$=15+3+3-6-6(9)$
5	1	9	$=15+3+3-6(15)$
4	9	8	$=15+3+3(21)$
3	8	7	$=15+3(18)$
②	⑦	⑥	$=15(15)$
8	4	9	$=15-6+3+3+3-6+3+3+3(12)$
7	3	8	$=15-6+3+3+3-6+3+3(18)$
6	2	7	$=15-6+3+3+3-6+3(15)$
5	1	6	$=15-6+3+3+3-6(12)$
4	9	5	$=15-6+3+3+3(18)$
3	8	4	$=15-6+3+3(15)$
2	7	3	$=15-6+3(12)$
1	6	2	$=15-6(9)$
⑨	⑤	①	$=15(15)$
3	2	7	$=15+3-6+3+3+3-6-6+3(12)$
2	1	6	$=15+3-6+3+3+3-6-6(9)$
1	9	5	$=15+3-6+3+3+3-6(15)$
9	8	4	$=15+3-6+3+3+3(21)$
8	7	3	$=15+3-6+3+3(18)$
7	6	2	$=15+3-6+3(15)$
6	5	1	$=15+3-6(12)$
5	4	9	$=15+3(18)$
④	③	⑧	$=15(15)$

　　洛書特徵之一，是各行之和及各列之和均為15。如上之定宮或飛白運算，各行之和及各列之和相應變化，寫出變化矩陣。

㈠行和變化矩陣：

$$\begin{bmatrix} 15 、9 、12 、15 、18 、21 、15 、18 、12 \\ 15 、18 、21 、15 、18 、12 、15 、9 、12 \\ 15 、18 、12 、15 、9 、12 、15 、18 、21 \end{bmatrix}$$

$$=3\begin{bmatrix} 5 、3 、4 、5 、6 、7 、5 、6 、4 \\ 5 、6 、7 、5 、6 、4 、5 、3 、4 \\ 5 、6 、4 、5 、3 、4 、5 、6 、7 \end{bmatrix}$$

㈡列和變化矩陣：

$$\begin{bmatrix} 15 & 15 & 15 \\ 18 & 9 & 18 \\ 12 & 12 & 21 \\ 15 & 15 & 15 \\ 18 & 18 & 9 \\ 21 & 12 & 12 \\ 15 & 15 & 15 \\ 9 & 18 & 18 \\ 12 & 21 & 12 \end{bmatrix} = 3 \begin{bmatrix} 5 & 5 & 5 \\ 6 & 3 & 6 \\ 4 & 4 & 7 \\ 5 & 5 & 5 \\ 6 & 6 & 3 \\ 7 & 4 & 4 \\ 5 & 5 & 5 \\ 3 & 6 & 6 \\ 4 & 7 & 4 \end{bmatrix}$$

　　洛書內涵不能一語道破，也不能著一書而闡其詳，其玄妙如

此。這裡談風水，立論是地域或方位，那麼假設洛書所代表的是一種場能，包括宇宙及星體能量；地磁能量；地氣能量等等。其分布按洛書坐標　，定宮動態能量變化是：

4	9	2
3	5	7
8	1	6

=15 →

5	1	3
4	6	8
9	2	7

=9 →

6	2	4
5	7	9
1	3	8

=12 →

7	3	5
6	8	1
2	4	9

=15 →

8	4	6
7	9	2
3	5	1

=18 →

9	5	7
8	1	3
4	6	2

=21 →

1	6	8
9	2	4
5	7	3

=15 →

2	7	9
1	3	5
6	8	4

=18 →

3	8	1
2	4	6
7	9	5

=12

以第一行爲例，其第一行數字和變化是：

15→9→12→15→18→21→15→18→12

總體考慮。即是行和變化矩陣。此矩陣說明行和變化平衡於15，其次每一變化行和數字不同，但每一變化數字總和爲一常數：

$$\begin{bmatrix} 15 & 9 & 12 & 15 & 18 & 21 & 15 & 18 & 12 \\ 15 & 18 & 21 & 15 & 18 & 12 & 15 & 9 & 12 \\ 15 & 18 & 12 & 15 & 9 & 12 & 15 & 18 & 21 \end{bmatrix}$$

45　45　45　45　45　45　45　45　45

同理，列和變化矩陣，列和變化平衡於15，且每一變化數字總和爲一常數：

$$\begin{bmatrix} 15 & 15 & 15 \\ 18 & 9 & 18 \\ 12 & 12 & 21 \\ 15 & 15 & 15 \\ 18 & 18 & 9 \\ 21 & 12 & 12 \\ 15 & 15 & 15 \\ 9 & 18 & 18 \\ 12 & 21 & 12 \end{bmatrix} \begin{array}{l} -45 \\ -45 \\ -45 \\ -45 \\ -45 \\ -45 \\ -45 \\ -45 \\ -45 \end{array}$$

兩種限定，給人一種數學哲學思考的平衡觀念，即局部能量變動總能量的不變性。洛書數不能直接等同於場能的數量，但其可以是場能數量的數字符號。由以上矩陣推導，說明定宮或飛白法有其內在的邏輯嚴密性。從場及能量角度理解洛書，太乙行九宮路徑，可定義爲「場致路徑」。

由太乙行九宮理解飛白法。但其實際應用，可構造如下簡單表格：

吉凶分布／住宅諸方位　住宅坐山方位	乾 西北 6	坎 北 1	艮 東北 8	震 東 3	巽 東南 4	離 南 9	坤 西南 2	兌 西 7
乾宅，西北，6	(6.7)	(6.2)	(6.9)	(6.4)	(6.5)	(6.1)	(6.3)	(6.8)
坎宅，北，1	(1.2)	(1.6)	(1.4)	(1.8)	(1.9)	(1.5)	(1.7)	(1.3)
艮宅，東北，8	(8.9)	(8.4)	(8.2)	(8.6)	(8.7)	(8.3)	(8.5)	(8.1)
震宅，東，3	(3.4)	(3.8)	(3.6)	(3.1)	(3.2)	(3.7)	(3.9)	(3.5)
巽宅，東南，4	(4.5)	(4.9)	(4.7)	(4.2)	(4.3)	(4.8)	(4.1)	(4.6)
離宅，南，9	(9.1)	(9.5)	(9.3)	(9.7)	(9.8)	(9.4)	(9.6)	(9.2)
坤宅，西南，2	(2.3)	(2.7)	(2.5)	(2.9)	(2.1)	(2.6)	(2.8)	(2.4)
兌宅，西，7	(7.8)	(7.3)	(7.1)	(7.5)	(7.6)	(7.2)	(7.4)	(7.9)

　　表中(6、7)、(3、6)等等爲吉凶信息符號。前一數字是該宅中宮洛書數，後一數字是該宅某方位（如外宮）洛書數，二者相互作用，給出吉凶信息。有興趣的是外宮數字構成的矩陣，與其轉置矩陣相等。一個m×n矩陣A的行與列的元素，互換而得到的m×n矩陣，稱爲A的轉置矩陣，記爲A^T。

　　此表外宮數字構成的矩陣是8階方陣，設爲A，即：

$$A = \begin{bmatrix} 7 & 2 & 9 & 4 & 5 & 1 & 3 & 8 \\ 2 & 6 & 4 & 8 & 9 & 5 & 7 & 3 \\ 9 & 4 & 2 & 6 & 7 & 3 & 5 & 1 \\ 4 & 8 & 6 & 1 & 2 & 7 & 9 & 5 \\ 5 & 9 & 7 & 2 & 3 & 8 & 1 & 6 \\ 1 & 5 & 3 & 7 & 8 & 4 & 6 & 2 \\ 3 & 7 & 5 & 9 & 1 & 6 & 8 & 4 \\ 8 & 3 & 1 & 5 & 6 & 2 & 4 & 9 \end{bmatrix}$$

　　不難看出$A = A^T$。成立此關係，則A 稱爲對稱矩陣，揭示太乙行九宮運算中的對稱性。對稱是宇宙萬物規律之一，對稱又是太極的衍生律。

　　表中諸信息元賦義不同而形成諸多判定，而非單一判定，這種系統是開放性的。傳統風水賦以五行義，其作用是五行相生相剋，這即是上面所繪制的飛白法八個圖形。重述歸納如下。洛書數分別賦五行爲：

　　　　6 —金；1 —水；8 —土；3 —木

　　　　4 —木；9—火；2 —土；7 —金

　　中宮五行爲主，中宮外宮五行相同，此中宮方位爲旺，爲大

吉；外宮生中宮，此外宮方位具有生生之氣，爲吉；中宮生外宮，此外宮方位洩中宮之氣，不利於中宮，爲小凶；中宮剋外宮，外宮不利，此外宮方位爲死氣，爲凶；外宮剋中宮，此中宮方位爲殺氣，爲大凶；外宮爲5，此方位爲五黄，爲煞，大凶。

　　由於信息元可以有諸多賦義，筆者強調判定的非單一性，強調判定的比較觀念，如可以賦場能義，可以賦五行義等等，這裡僅按上述五行生剋判定，列下表：

住宅各方位　　住宅坐山	乾西北	坎北	艮東北	震東	巽東南	離南	坤西南	兌西
乾宅　西北　金	旺金	生土	殺火	死木	黄	洩水	死木	生土
坎宅　北　金	殺土	生金	洩木	殺土	死火	黄	生金	洩木
艮宅　東北　土	生火	殺木	旺土	洩金	洩金	殺木	黄	死水
震宅　東　木	旺木	死土	殺金	生水	死土	殺金	洩火	黄
巽宅　東南　木	黄	洩火	殺金	死土	旺木	死土	生水	殺金
離宅　南　火	殺水	黄	生木	死金	洩土	生木	死金	洩土
坤宅　西南　土	殺木	洩金	黄	生火	死水	洩金	旺土	殺木
兌宅　西　金	生土	死木	洩水	黄	旺金	生土	死木	殺火

四、啓迪性的奇門遁甲法

八卦所確定的空間方位，爲宇宙物質運動相互關聯的縮影；河圖，洛書爲宇宙時空統一規律的縮影。無論太極圖、八卦、先天六十四卦圓圖、河圖、洛書，其方位和時間都與太陽視運動相吻合，反映了太陽系各星體與八卦及洛書定位存在著對應關係。劉子華正是按照八卦定位原理，結合天文參數，預測出太陽系第十顆行星的存在（見本書第五章）。值得重視的是劉子華不用牛頓萬有引力定律，而用八卦定位原理預測，提示了該原理的眞理性，即既玄妙又眞實。

洛書在天文學中有重要價值，例如其八個方位，反映月相的八個階段：洛書「一」爲朔月；「三」爲上弦；「九」爲望月；「七」爲下弦。洛書曆紀月的周期長度，即是取的朔望月。洛書曆比陰陽曆的四季分劃更爲精細，更能指導農業生產。

人類認識天體，人類認識自身，使天上人間賦有一種秩序感，一種關聯，一種諧調。奇門遁甲是以洛書，八卦爲基石，創造了天、地、星、門、宮、神等虛的天體，以此爲判斷方位的依據。風水既有實星，也有虛星爲判斷方位的依據。中國傳統術數最先感興趣的是七政星即太陽、太陰（月亮）、木星、火星、土星、金星、水星七顆星。另一方面，虛星又是實星的某種映射。中國人認識宇宙，既是實證的，又是數學哲學思考的，這是中國術數比西方單純邏輯推理高明之處。如斗綱建月是北斗星視運動，北斗星圍繞北極星旋轉一年，分劃爲八個氣候階段，三個節令爲一階段（一個宮）此即是洛書太乙行九宮，虛星實星二者錯綜關聯。

下面再略談人類生存環境的一些問題。

人類生存在地球，換言之，地球是我們賴以生存的最主要條件。那麼，人生存的必要條件之一；為人能生存，地球質量應當是多少？

人體上有三種物態：固態、液態、氣態。即人需要呼吸氣體，且適宜的溫度是熱能與人體中的分子能相互作用，因此地球上必須有溫度約為100 K的大氣（推導公式略）。這個要求就對地球質量提出一個限制：地球質量不能太小，質量小的星體逃逸速度小，氣體就不可能存留在星體周圍，而逃逸到太空中去，小行星及月球上都沒有大氣，就是這個原因；地球質量不能太大，否則超越人體斷裂能量。人所以能生存於地球，要求地球質量滿足：

$$10^{25}\text{克} < M_{\text{地球}} < 10^{28}\text{克}$$

就以地球質量說明，人能生存於宇宙中，是與物理常數的巧妙配合分不開的。

大統一理論預言，質子是不穩定的，它會自發地衰變為電子和兀介子。質子壽命與大統一理論參數有關。設人體的平均質量為五十公斤，則人體內含有的總核子數為

$$N \approx \frac{50 \times 10^3}{1.7 \times 10^{-24}} \approx 3 \times 10^{28}$$

相應的人體質子數為

$$N_p \sim \frac{1}{2} N$$

人體中質子的衰變，會使人體受到輻照，人可忍耐的最大輻照強度是一個微居里。即每秒不能有多於一萬個質子衰變，否則人類就不能生存。這又是一個物理常數。

在討論宇宙學時，我們常常涉及數十億年甚至上百億年的時間尺度。在這樣長的時間中，這些物理常數是否能保持住呢，如果引力常數 G 隨時間變化，則行星運動就受到影響。當 G 增大的時候，引力變強，行星就靠近太陽，行星公轉周期就短一些。反之，當 G 減少小時，公轉周期就長一些。對水星、金星的觀測結果是每年 G 的變化△G 之比的上限是

$$\frac{\triangle G}{G} < 10^{-11} \diagup 年$$

亦即，在宇宙整個演化過程中，引力常數確是常數。再如電子質量的變化

$$\frac{\triangle m_e}{m_e} < 4 \times 10^{-13} \diagup 年$$

也為常數。如此等等。保證了人類生存地球生存條件的不變性。但宇宙是運動的，諸星體是運動的，在人類生存環境的不變中又有變化。前者是生命存在本質的，決定於宇宙諸常數，不必去關心；後者是意識人類對氣候、風土、人事吉凶、生理、心理、壽夭等等的要求，這是奇門遁甲和風水研究的內容（以中國傳統術數而言）。

物理規律是人在研究宇宙現象中逐漸建立的，因此物理規律必須具有人可理解的這一性質。「宇宙間最不可理解的事是宇宙是可以理解的」（愛因斯坦語），能被人所理解的規律，一般來說應當是合乎邏輯的，因為人只能以邏輯的方式進行理解。然而

有很多規律，並不能符合「合乎邏輯」這一要求，奇門遁甲和風水正是不合乎邏輯的學問。這裡「邏輯」一詞是被嚴格定義的。

先談奇門遁甲實星系統，宇宙萬物運動存在著周期律，太陽系由於星體的運動而使地球呈現年節律、月節律、日節律及時節律。七政星在一年之間移動角度爲

太陰	4860度
水星	1490度
金星	585度
太陽	360度
火星	91度
木星	30度
土星	12度

奇門遁甲實星系統以七政星配盤，則

時盤配太陰
日盤配水星、金星和太陽
月盤配火星和木星
年盤配土星

田宮規雄著《奇門遁甲七政星術奧義》一書，是以土星所在方位爲測定住宅流年的參考點。住宅有相對穩定性，土星繞行黃道約三十年爲一周期，所以土星盤適用於住宅流年的判斷。

以羅盤測定方位，用地盤正針二十四山，而以十二支分割爲十二方位。列圓圖如下，內層爲地盤正針二十四山，外層爲七政星盤十二支方位，並標出羅盤圓周度：

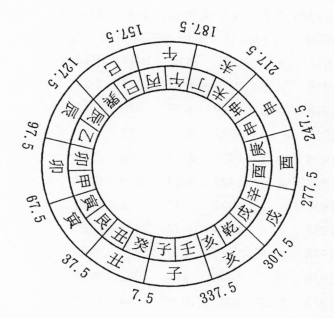

七政星行進路線是反時針轉，每支為30度，所以支刻度和羅盤圓周度方向相逆：

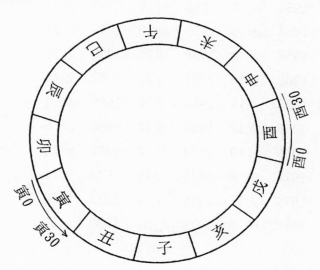

　　《奇門遁甲七政星術奧義》附有七政星曆，今摘錄公元191
2─2000年每年1月1日（陽曆）土星所在方位：

1912	酉14	1913	酉28	1914	申13
1915	申28	1916	未13	1917	未28
1918	午13	1919	午28	1920	巳12
1921	巳25	1922	辰 7	1923	辰19
1924	卯 1	1925	卯12	1926	卯23
1927	寅 3	1928	寅14	1929	寅24
1930	丑 4	1931	丑14	1932	丑24
1933	子 4	1934	子14	1935	子25
1936	亥 6	1937	亥17	1938	亥29
1939	戌12	1940	戌24	1941	酉 8
1942	酉22	1943	申 7	1944	申22
1945	未 7	1946	未22	1947	午 7
1948	午22	1949	巳 6	1950	巳19
1951	辰 3	1852	辰15	1953	辰27
1954	卯 8	1955	卯19	1956	卯29
1957	寅 9	1958	寅20	1959	丑 0
1960	丑10	1961	丑20	1962	子 0
1963	子10	1964	子20	1965	亥 1
1966	亥12	1967	亥24	1968	戌 6
1969	戌19	1970	酉 2	1971	酉16
1972	申 0	1973	申15	1974	未 1
1975	未15	1976	午 1	1977	午16
1978	巳 0	1979	巳14	1980	巳27

1981	辰10	1982	辰22	1983	卯 3
1984	卯14	1985	卯25	1986	寅 5
1987	寅15	1988	寅25	1989	丑 6
1990	丑16	1991	丑26	1992	子 6
1993	子16	1994	子27	1995	亥 8
1996	亥19	1997	戌 1	1998	戌14
1999	戌26	2000	酉10		

中國古代稱土星爲塡星或鎮星。體積是地球的745倍，質量是地球的95.18倍，繞太陽公轉的軌道半徑約爲14億公里，即稍大於9.5天文單位。繞太陽公轉的平均速度約爲每秒9.64公里，轉一圈約29.5年。就其質量而言，對地球有不可忽略的影響，且呈現29.5 年的周期規律。上列七政星曆數據是土星的視路徑參數，即將地球相對地固定，在地球某一點觀測所得的參數。天文學家Cassimi在1709年繪製地球爲中心，土星視運動軌跡圖形：

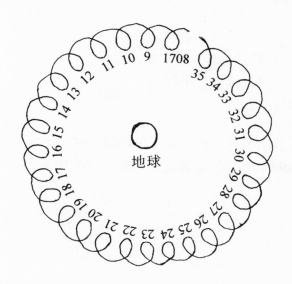

此圖爲1708年——1735年，28年間土星運動軌跡（視運動），即在地球某點觀測，外行星（火星、木星和土星）先在星空中向東爬行（逆時針），越來越慢，終於停住，又以反方向向西爬行（順時針），又停住，然後再向東爬行（逆時針），而形成外圓擺線。我們可以用繞著大圓圓周轉動一個小圓來模擬它。

在七政星曆以1993年土星視運動爲例：

1993年	1月1日	子16	
	2月1日	子20	
	3月1日	子23	逆時針
	4月1日	子26	
	5月1日	子29	
	6月1日	亥 0	停
	7月1日	亥 0	
	8月1日	子28	順時針
	9月1日	子26	
	10月1日	子24	
	11月1日	子24	停
	12月1日	子24	
1994年	1月1日	子27	逆時針

以上討論，在一年之間土星位置的確定，最佳選擇我們取中值。如1993年的土星位置是子16和子27的中值：

$$子16+ \frac{子27-子16}{2}=子16+子5.5$$

$$=子21.5$$

又如1982年的土星位置是1982年1月1日辰22和1983年1月1日卯3的中值，即：

$$\text{辰}22 + \frac{\text{卯}3 - \text{辰}22}{2} = \text{辰}22 + \frac{11}{}$$

$$= \text{辰}27.5$$

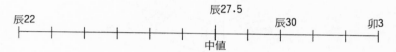

經過上述討論，回到本題，即如何以實星土星位置測定住宅的吉凶方位。首先說明三點：其一，這裡標數，是以十二支標之，每支30度，實際應用不太方便。可換算成羅盤最外層360度標法，直接測向。其二，實際應用最重要的問題是如何判定，然而筆者對此毫無見解，這裡引用《奇門遁甲七政星術奧義》一書中判定原則。其三，所謂測定住宅方位是指測定土星和大門，廳堂（大廳或起居室）、書房、臥室的角度。

土星和住宅的相交角度有四種：

同——0度±10度

刑——90度±10度

會——120度±10度

沖——180度±10度

置羅盤於宅院中心（住宅中心）或樓房單元中心。首先確定土星位置，如1982年土星在辰27.5度，相當於羅盤127.5度—27.5度＝120度（因為辰0度為127.5度）。然後定出同、刑、會、沖諸方位。如圖：

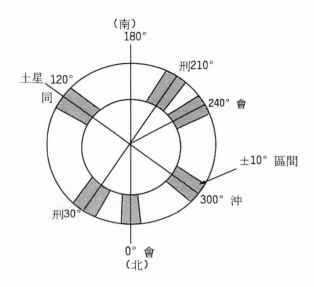

「會」爲大吉，「同」爲中吉，「刑」爲中凶，「沖」爲大凶。

　　各房間和土星角度的關係：

	會　　　或　　　同	刑　　　或　　　沖
大門	安定	不安定
廳堂	家庭內部穩定，可平安無事地生活。	家庭內部不穩，或遭遇災禍。
書房	精神上會得到滿足和愉快。	工作上會有不愉快的事情發生。
廚房	健康	會罹患疾病或遭遇災難。
臥室	夫妻關係融洽	夫妻之間會爭吵不休。

　　概括言之，大門表示其家的大勢和對社會的關係；廳堂表示其家的內部環境和家運；書房表示工作上的關係或精神方面；廚房表示其家的健康運；臥室表示夫妻關係。

　　相宅之盤，或稱「家相盤」。如果給以嚴格定義，所謂「家相」是將十二地支給予適當分配的圖法，以判定住宅吉凶。如「陽宅天子法」是嚴格定義的家相盤。家相盤有三種格式；天式、地式、人式，分別以太乙俟星，六壬神課奇門遁甲三種占術為判定依據。

　　這裡以土星流年，以會、同、刑、沖判定，基本是奇門遁甲法。居於惡的家相，使此人運勢不好。土星刺激某方位時，其作用維持二十個月，即以家相判定流年。或言之，是以土星流年判定人的流年。以家相判定流年，所測定對象僅取大門，廳堂等五種，因為若加入多數房間，不但會引起判定上的散漫，也很難把握整個家庭的運勢傾向，即上述大門、廳堂等是判定家相流年的五種要素。

　　本節前一部分是物理學的，後一部分是中國傳統術數的。然而非常遺憾，我們對中國傳統術數的瞭解極其有限。中國術數有悠久的歷史，有強大的吸引力和廣闊的社會基礎，不要隨便去否定，而要作系統，全面，深入細緻的分析研究。

五、坐山奇門遁甲法

　　奇門遁甲是方位學，因時擇向。用於住宅，相對時間就長一些，如設定二十年為一局，此即坐山奇門遁甲法。筆者這裡立論，是根據一般奇門遁甲原理，原則。當然也是啓迪性的方法，因為

住宅吉凶難以驗證，即使如何驗證？筆者也提不出任何具體方法。

坐山年盤用陽遁，不用陰遁，這是由於地球是向右轉，所以用陽遁順行。二十年一局，一元三局，三元九局，計180年。列干支紀年與局數對應表：

陽局　　　　　　三元　　　　　　　六十年干支		上元	中元	下元
戊己	甲子、乙丑、丙寅、丁卯、戊辰、己巳、庚午、辛未、壬申、癸酉 甲戌、乙亥、丙子、丁丑、戊寅、己卯、庚辰、辛巳、壬午、癸未	一	四	七
庚辛	甲申、乙酉、丙戌、丁亥、戊子、己丑、庚寅、辛卯、壬辰、癸巳 甲午、乙未、丙申、丁酉、戊戌、己亥、庚子、辛丑、壬寅、癸卯	二	五	八
壬癸	甲辰、乙巳、丙午、丁未、戊申、己酉、庚戌、辛亥、壬子、癸丑 甲寅、乙卯、丙辰、丁巳、戊午、己未、庚申、辛酉、壬戌、癸亥	三	六	九

如何確定三元，從曆元算起，曆元我們確定為公元前1377年，即公元前1377年為起始上元甲子年。180年是三元一大循環，則公元64年又是一上元甲子年，公式為

上元甲子年＝64＋180K(K＝0、1、2……)

以此公式計算：

上　　　元	中　　　元	下　　　元
1684甲子	1744甲子	1804甲子
1864甲子	1924甲子	1984甲子
2044甲子	2104甲子	2164甲子

　　例如1993年爲癸酉年，在1984年下元甲子轄域，查上表癸酉年下元爲陽七局，六儀爲戊（表中戊、己、庚、辛、壬、癸爲六儀，每儀管轄十個干支年）。

　　關於年盤（20年）的計算，我們引進區間概念，以例明之，如1993（癸酉）年盤在下元七局，此20年區間是甲子至癸未，推算出區間是

　　〔1984（甲子）年　　　　　　　　2003（癸未）年〕

按局數定地盤，則此20年用同一地盤，求地盤列表如下：

九干分布＼洛書數 局	1	2	3	4	5	6	7	8	9
陽一局	戊	己	庚	辛	壬	癸	丁	丙	乙
陽二局	乙	戊	己	庚	辛	壬	癸	丁	丙
陽三局	丙	乙	戊	己	庚	辛	壬	癸	丁
陽四局	丁	丙	乙	戊	己	庚	辛	壬	癸
陽五局	癸	丁	丙	乙	戊	己	庚	辛	壬
陽六局	壬	癸	丁	丙	乙	戊	己	庚	辛
陽七局	辛	壬	癸	丁	丙	乙	戊	己	庚
陽八局	庚	辛	壬	癸	丁	丙	乙	戊	己
陽九局	己	庚	辛	壬	癸	丁	丙	乙	戊

如1993（癸酉）年爲陽七局，
將此表之九干塡入洛書，即爲
地盤：

4 丁	9 庚	2 壬
3 癸	5 丙	7 戊
8 己	1 辛	6 乙

　　在地盤上再布九干即爲天盤。地盤在20年區間內不變，天盤卻隨年改變，一年一變。如構造1993年天盤，1993年癸酉之六儀爲戊（見表）戊放置在年干癸上，構成「戊——癸」對。相當於地盤之戊飛於癸上，其他七干以中宮爲軸心，順序飛升旋轉定位，構成天盤，如下圖：

4 乙 丁	9 辛 庚	2 己 壬
3 戊 癸	5 丙 丙	7 癸 戊
8 壬 己	1 庚 辛	6 丁 乙

　　中宮天地同干，這裡天地都爲丙。中宮天地同干是一般原則，即中宮之干既不能飛出，也不能飛入。這就引出如下問題，以例明之，如陽五局戊戌年，查表戊戌之六儀爲辛，辛和年干戊構成「辛——戊」對。而陽五局戊在中宮，相當於辛飛入中宮，這是不允許的。

4 　 乙	9 　 壬	2 辛 丁
3 　 丙	5 辛 戊	7 　 庚
8 　 辛	1 　 癸	6 　 己

→ 約定辛飛入2宮（坤宮）

又如陽二局壬寅年，壬寅六儀爲辛，辛和年干壬構成「辛——壬」對，而陽二局中宮（地盤）爲辛，相當於辛飛出中宮，這也是不允許的。

右側：約定借2宮之戊，構成「戊—壬」而不是「辛—壬」

遇此兩種情況，以2宮（坤宮）爲納借宮。第一種情況，六儀辛納入2宮。第二種情況，2宮戊，代替六儀辛，從2宮借出

第三種情況是遇六甲年，即甲子、甲戌、甲申、甲午、甲辰、甲寅年。例如遇甲戌年，甲戌六儀爲己，己與年干甲構成「己——甲」對，但地盤無甲，僅有九干，不能飛宮運算。此情況也約定天地盤同干。以上三種情況，完全由算法所決定。

其次談定門。定門方法比較繁瑣，按下述步驟進行。

掌握門的洛書靜態位置

4 杜	9 景	2 死
3 傷	5	7 驚
8 生	1 休	6 開

　　㈡求出年干支的六儀在地盤所在宮。如1993年癸酉的六儀爲戊，而1993年是陽七局，戊在7宮，7宮之門是驚門（靜態）則驚門稱爲「直使」。

　　㈢直使（驚門）要動態變化，即走出7宮，行進路線是：

　　　　7宮→8宮→9宮→1宮→2宮←……

　　（因爲這裡是陽局，一般言之，如果是陰局則行進路線是：

　　　　7宮→6宮→5宮→4宮→3宮→……）

　　㈣將直使行進路線和十干　　　對應：

　　　(驚)　→

　　　7宮→8→9→1→2→3→4→5→6→7

　　　　甲　乙　丙　丁　戊　己　庚　辛　壬　癸

　　　　　　　　　　　　　　　　　　　｜
　　　　　　　　　　　　　　　　　　癸酉

　　行至癸酉年之年干癸（對應7宮）即停，驚門移至7宮。在盤面上驚門位置未變，實際驚門按太乙行九宮路徑走回原處。

　　㈤直使（驚門）定位後，其他各門以中宮爲軸心，旋轉定位，各門之相對次序不變。

　　㈥中宮不設門，如年干支之六儀在中宮，則2宮（坤宮）之門爲直使借入中宮，借入後運行仍如上述。

　　㈦如按干序直使行進中宮，但中宮不納門，則直使移至2宮而定位之。

　　㈧如年干爲甲則八門按靜態位置定位。

例：陽四局，庚辰年定門。

　　庚辰之六儀爲己，陽四局己在中宮，中宮不設門，將2宮之死門借入中宮爲直使。

死 →

5宮→6→7→8→9→1→2

甲 乙 丙 丁 戊 己 庚

庚辰年

4 杜戊	9 景庚	2 死丙
3 傷乙	5 己	7 驚辛
8 生壬	1 休丁	6 開庚

例：陽八局，己丑年定門。

己丑之六儀爲庚，陽八局庚在1宮，1宮之休門爲直使

休 →

1宮→2→3→4→5→6

甲 乙 丙 丁 戊 己

己丑年

4 景癸	9 死己	2 驚辛
3 杜壬	5 丁	7 開乙
8 傷戊	1 生庚	6 休丙 ← 直使

　　再談定星。九星靜態位置是：

　　蓬1，芮2，沖3，輔4，禽5，心6，柱7，任8，英9

　　所標數字是洛書數，即九星在洛書中的所在宮（靜態）。定星先求年干支之六儀，六儀所在宮之星（靜態）稱為「直符」。直符按洛書序（太乙行九宮）行至年干所在宮（陽順行）。其他八星順序行至各宮。

例：陽二局，辛卯年定星。

　　辛卯之六儀為庚，陽二局庚在4宮，4宮之星為輔，即輔為直符。年干辛在5宮。則直符行進路線是：

直符　（輔）　4 ⟶ 5（5為年干所在宮）

其他星可按下列矩陣定位：

輔4 ⟶	5
禽5	6
心6	7
柱7	8
任8	9
英9	1
蓬1	2
芮2	3
沖3	4

填入洛書，即構成陽二局辛卯年星盤

沖 4 庚	任 9 丙	蓬 2 戊
芮 3 己	輔 5 辛	心 7 癸
柱 8 丁	英 1 乙	禽 6 壬

再談定宮，或稱定色，即將一白，二黑，三碧，四綠，五黃，六白，七赤，八白，九紫布入洛書。將與局數相同的色數進入中宮，其他色順序定位。如陽七局定宮：

洛書數	5	6	7	8	9	1	2	3	4
色　數	七	八	九	一	二	三	四	五	六

六 4 丁	二 9 庚	四 2 壬
五 3 癸	七 5 丙	九 7 戊
一 8 己	三 1 辛	八 6 乙

　　再談定坤。八神是：大直符，滕蛇，太陰，六合，勾陳，朱雀，九地，九天。八神中之"直符"容易和前述定星中之直符相混，所以寫作「大直符」或簡稱一「符」字。八神定位極簡單，分陽局，陰局，其靜態位置如下：

陽局		
合 4	陳 9	雀 2
陰 3	5	地 7
蛇 8	符 1	天 6

陰局		
雀 4	陳 9	合 2
地 3	5	陰 7
天 8	符 1	蛇 6

　　定位時，將時干（這裡是年干，如癸酉年，年干是癸，且以地盤言之）所在宮，置以大直符，其他七神相應旋轉定位。如時干在中宮，且為陽局，則大直符定位在2宮（坤宮），陰局則大直符定位在8宮（艮宮）。方法不唯一一說為無論陽局陰局，如時干在中宮，大直符定位均在2宮。

　　以上是定干，定門，定星，定宮，定神的方法。略作概括，首先是確定局，由局數而布九干，其次由干支（年干支、月干支、日干支、時干支，這裡是年干支）求出相應的六儀，六儀或稱「符頭」。以甲子為首的十個干支，六儀為戊，即甲子戊，乙丑戊、丙寅戊等等，六十干支相應六個符頭。由符頭，干支定天盤之干，這樣就構成遁甲盤的一半。局——符頭——干支是構成遁甲盤的三要素，陽九局，陰九局共十八局，與六十干支的不同組合能構成：

　　　　$60 \times 18 = 1080$　遁甲盤

　　這是指遁甲盤的全部，這裡二十年一局，且用陽局，所用遁

甲盤就少多了。遁甲盤是通用的，陽四局——壬申年，與陽四局——壬申時是同一盤。這樣就可以利用資料，如劉英森編《陰陽遁時盤一千八十局》一書，可以直接查到所需要的年遁甲盤。

「遁甲」的含義，是「甲」隱遁於六儀之中，換言之，遁甲盤中祇有九干而無甲，甲卻隱於盤中，甲是太乙，是力量的象徵，是一種神秘。假如遁甲盤無甲之隱，則奇門遁甲就毫無意義，這是極重要的概念。在天地盤判定中，如庚庚，庚丙，辛庚，如果庚為符頭，則甲隱於庚，按甲甲，甲丙，辛甲判定；庚不是符頭，則按庚庚，庚丙，辛庚判定，區別如此。

談到天地判定問題，各家有不同之見，星門宮神亦如此。

如甲甲——「雙木成林」為凶。凡事閉塞阻礙多，靜守為吉。另一種見解

甲甲——「雙木成林」為吉。使用此方位，威勢強化而帶來繁華富貴。

又如甲戌——「禿山孤木」為凶。孤立無援。

甲戌——「青龍耀明」為吉。事業帶來好的結果。

不同角度理解，就形成不同見解。這是讀這種書的難處。在比較研究中，有著者是用十干五行生剋，這也許是遵從的一種原則，但又不完全如此。下面筆者僅列出一種見解作為參考。表中○為吉，×為凶：

吉凶判定 天盤＼地盤	甲	乙	丙	丁	戊	己	庚	辛	壬	癸
甲	○	○	○	○	×	×	×	×	×	○
乙	○	×	○	○	○	○	×	×	×	×
丙	○	○	×	○	○	×	×	○	×	○
丁	○	○	○	○	○	○	○	○	○	×
戊	×	○	○	×	○	×	×	×	○	○
己	○	○	○	×	×	×	×	×	×	×
庚	×	×	×	○	×	×	×	×	×	×
辛	×	×	×	×	×	×	×	×	○	×
壬	×	○	×	○	○	×	×	×	×	×
癸	○	×	×	×	×	×	×	×	×	×

　　通過這一表格，我們找到一些規律。如無論天盤，地盤為乙丙丁，則吉格多，凶格少；相反，為己庚辛壬癸則吉格少，凶格多；甲則吉凶參半；天盤為乙，地盤為乙，動則為凶，靜守為吉；天盤為丙，地盤為丙，則為凶。

　　再談星門的組合判定。星門靜態位置在洛書中對應後天八卦。星門運動時，其八卦相隨而動。即星門行之某方位，其組合是星門之卦之組合。設定：星之卦為上卦，門之卦為下卦。如天蓬星與景門組合，為坎離組合，構成水火既濟卦，為小凶。列表如下：

星為上卦＼門為下卦	蓬（坎）	任（艮）	沖（震）	輔（巽）	英（離）	芮（坤）	杜（兑）	心（乾）	禽
休（坎）	×	○○	○○	○○	×	○○	○○	○○	×
生（艮）	○○	×	○○	○○	○○	×	○○	○○	×
傷（震）	×	××	×	×	×	×	××	×	××
杜（巽）	×	×	×	××	×	×	×	××	××
景（離）	×	○	○	×	○	○	○	○	×
死（坤）	×	××	×	×	×	××	×	×	××
驚（兑）	×	××	×	×	×	×	×	××	××
開（乾）	○○	○○	○○	×	○○	○○	○○	×	×

　　其中符號：○○為大吉；○為小吉；××為大凶；×為小凶。從此表中看一些規律：休、生開為三吉門，大吉格居多；景也為吉門，小吉格居多；傷、杜、死、驚四門，無論和星如何組合，均為凶格；禽為凶星，其他八星吉凶格均等，且決定於與門之組合。

　　談到此表的內涵，八門是以中宮為軸心轉動，九星是走太乙行九宮路徑，二者又以後天八卦組合，實際是後天八卦在走不同路徑的組合運算，是特殊的洛書坐標系統運算。當然這是就其形

式而言，八卦組成六十四卦，這六十四卦如何定出吉凶格，筆者也僅採用一家之見，而自已未作任何推導。不過從另一角度立論也可得出相同的結論。星門配合的另一種判定法則是：休、生、開三吉門不附帶伏吟，反吟爲大吉；附帶反吟，伏吟則爲凶。

　　景門不附帶伏吟，反吟爲吉；附帶反吟，伏吟，則爲大凶。

　　傷、杜、死、驚四門不附帶伏吟，反吟爲凶；附帶反吟，伏吟爲大凶。星門有如下之關係，稱作「伏吟」：

　　　　　　休門和天蓬星同宮。
　　　　　　生門和天任星同宮。
　　　　　　傷門和天沖星同宮。
　　　　　　杜門和天輔星同宮。
　　　　　　景門和天英星同宮。
　　　　　　死門和天芮星同宮。
　　　　　　驚門和天柱星同宮。
　　　　　　開門和天心星同宮。
　　　　　　星門有如下之關係，稱作「反吟」：
　　　　　　休門和天英星同宮。
　　　　　　生門和天芮星同宮。
　　　　　　傷門和天柱星同宮。
　　　　　　杜門和天心星同宮。
　　　　　　景門和天蓬星同宮。
　　　　　　死門和天任星同宮。
　　　　　　驚門和天沖星同宮。
　　　　　　開門和天輔星同宮。

　　表中天禽星的判定很特殊，其所賦卦是各門所賦之卦，如禽

和休，上卦為坎，下卦為坎，如禽和傷，上卦為震，下卦為震。
所以禽星判定，即以八純卦判定。天禽星在奇門遁甲原理中，其
所在方位一般為凶方位，但有其特殊性，例如欲強有力的推動某
困難事情轉機，或要建立奇功時，往往會有意想不到的效果。那
麼舉一反三，這裡所謂凶方位不是絕對的凶，假如掌握奇門遁甲
原則，原理，不要對凶方位不感興趣。這是題外的話，下面仍談
另一種判定方法，將上述諸星門之伏吟、反吟引入製成判定表格
（天禽星按前表判定，這裡不列出）：

星＼門	天蓬	天任	天沖	天輔	天英	天芮	天柱	天心
休	伏× ○	○ ○	○ ○	○ ○	反×	○ ○	○ ○	○ ○
生	○ ○	伏× ○	○ ○	○ ○	○	反× ○	○ ○	○ ○
傷	×	×	伏× ×	×	×	×	反× ×	×
杜	×	×	×	伏× ×	×	×	×	反× ×
景	反×	○	○	○	伏×	○	○	○
死	×	反× ×	×	×	×	伏× ×	×	×
驚	×	×	反× ×	×	×	×	伏× ×	×
開	○ ○	○ ○	○ ○	反×	○ ○	○ ○	○ ○	伏×

　　前表與表相比較，判定結果是一樣的。但此表是用休、生、
開三吉門；景次吉門；傷、杜、死、驚四凶門，伏吟、反吟的規
定性判定。且表格的矩陣形式為有序。雖然筆者說不清楚中國術
數的內涵，但相信有序是宇宙萬事萬物的一種表現形式。正是這

種確信，筆者才敢寫書，否則眞是趟混水了。兩種表格比較，正是後者決定了前者的六十四卦象意，雖然這種象意極其簡單。那麼筆者前面提及的欲推導這種八卦組合的玄妙，或許是多餘的。

　　再談宮神的判定。符、陰、合、地、天不與五黃同宮爲吉；與五黃同宮爲凶。蛇、陳、雀不與五黃同宮爲凶；與五黃同宮爲大凶。

　　最後談天地、星門、宮神的綜合判定。這種判定也是採摘一家之見。

　　天地、星門均爲吉，則爲大吉，宮神不影響。

　　天地、宮神均爲吉，星門爲凶，則爲吉利。

　　星門、宮神均爲吉，天地爲凶，則爲吉利。

　　天地爲吉，星門，宮神均爲凶，則爲凶兆。

　　天地、星門均爲凶，宮神爲吉，則爲大凶。

　　天地、宮神均爲凶，星門爲吉，則爲凶兆。

　　天地、星門，宮神均爲凶，則爲大凶。

　　天地、星門宮神共三項，有$2^3＝8$種狀態。

　　將綜合判定寫成樹形結構：

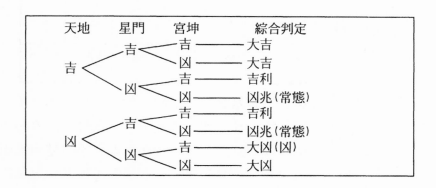

筆者認為凶兆不等於凶，即有凶有吉，故改定為常態。又宮神在判定中是一重要因素，所以天地、星門均為凶，但其為吉，不能定為大凶而應定為凶。

　　以組合形式判定，簡明而快速，但失之粗略。在應用中僅可作參考。較精確的判定是按奇門遁甲格局。

下面列一些例題：

例一、1993（癸酉）年，陽七局，癸酉之六儀為戊。

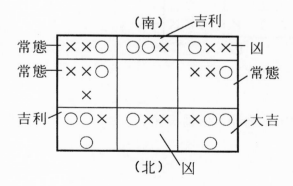

例二、1994（甲戌）年，陽七局，甲戌之六儀為己。

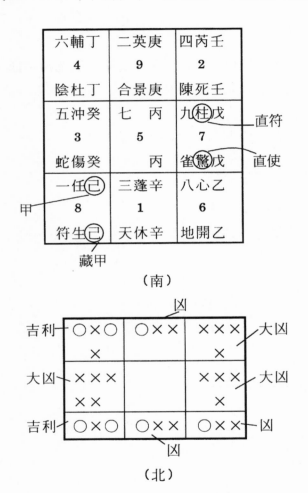

（南）

（北）

例三、陽二局辛卯年，辛卯六儀為庚。

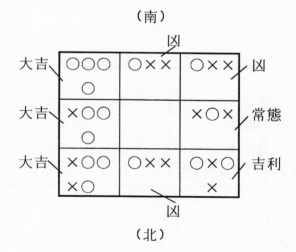

一沖丁	六任己	八蓬庚 —甲
4	9	2 直使
地生庚	天傷丙	符杜戊
九芮乙	二輔辛	四心丙
3	5	7 直符
雀休己	辛	蛇景癸
五柱壬	七英癸	三禽戊
8	1	6
陳開丁	合驚乙	陰死壬

（南）

最後不得不作一些說明。此處二十年為一局，判定則是一年一盤，筆者這種方法是否行得通，現在不敢作結論。是和非俟之他日，問題的提出是試驗性的。奇門遁甲古為兵書，後世賦於諸

多方面的應用，本身就是創造。基於此，筆者才敢大膽設想。若干年後，筆者也許完全否定這種設想，也許完善這種設想。

在一種資料中看到有《陽宅遁甲圖》一書，但未能讀到，可能是一本完善的著作。讀到的是《陽宅天子法》，是雙山即十二方位的判定方法，筆者未能深入理解，不敢評一言，這就啓發筆者奇門遁甲一年一盤的流年判定。

世界是對偶的，有陰和陽，靜和動等等。奇門遁甲術理解世界也有立向和坐山之別。孫子兵法中「攻如火」，即應用立向盤，而「不動如山」則應用坐山盤。一爲攻，一爲守；一爲動，一爲靜。在應用上立向盤用於本人旅遊出外辦事，遷移等場合，坐山盤則主要用於住宅或工程的興建。方位的區分，立向盤的方位，東、南、西、北各爲30度，東南，東北，西南、西北各爲60度。坐山盤的八個方位均爲45度。時間的分劃：

時間＼盤	立　　　向　　　盤	坐　　　山　　　盤
年盤	一年一局、陰遁	二十年一局、陽遁
月盤	十個月一局、陰遁	五年一局、陽遁
日盤	一日一局、分陰陽遁	二十日一局，分陰陽遁
時盤	二十小時一局、分陰陽遁	五日一局、分陰陽遁

一年一局的立向盤，既然是動態應用，時間未免長了一些，所以一般時盤用之較多。而二十年一局，一年一盤的坐山盤，爲宅之流年判定，即靜止事物的流年判定，還是可行的。且可與實星的土星盤比較應用。